最強のチームリーダーがやっている

部下との距離のとり方

TSUDA NORIKO
津田典子
人材育成コンサルタント

フォレスト出版

まえがき

リーダーの出来は部下との距離感で決まる

あなたは管理職やリーダーとして、ふだん部下や後輩にどれくらい思ったことを伝えられていますか?

「穏便にいきたいから、伝えることは最小限、基本ほぼ飲み込んでいる」

「前にちょっと口にしたら、あからさまに嫌そうな顔をされたので、それ以来、言いづらくなった」

「いちおう言ってはいるが、反応がないから、伝わっているのかどうか」

「テレワークが増えて、話すタイミングがない」

このように思っていませんか?

あるいは、「無理してコミュニケーションしなくてもいい」という意識が根底にある人もいることでしょう。

「仕事が回っているから、コミュニケーションは特に問題ない」

「業務上必要な会話はしているし、そもそも雑談には興味ない」

「必要なときは、部下から聞いてくれればよい」

どちらにも言えるのは、**「部下との距離が遠い」**ということ。近寄りたい気持ちがあっても、なぜか遠慮してしまい近づけない。あるいは寄ろうともしない。近寄ることはあきらめた……という状態です。

研修講師という仕事柄、私はこれまで多くの企業の管理職・リーダーの方から、このような部下や後輩との距離感についての悩みを聞いてきました。

もちろんみなさん、この状態は改善したほうがよいと思っています。けれども、現業が忙しく新たな取り組みはできない、どうしても売上を上げることのほうを優先してしまう……。そのため「コミュニケーション」というあいまいな課題は後回しにされてしまうのです。

さて、誤解がないように、あらかじめことわりを入れさせてください。

本書はコミュニケーションの改善だけを目的としたものではありません。コミュニケー

ションでチームパフォーマンスを上げるためにはどうしたらいいのか、結果を出せるチームコミュニケーションとはいかなるものかを解説した本です。

そのためには、

- チーム力を上げる。
- 部下のやる気を引き出す。
- 部下との信頼関係を築く。

という課題をクリアしていく必要があり、その具体的な方法について、事例を交えながら説明しています。

その事例ですが、ふだん研修の場で遭遇する悩み解決の事例の他、私がＡＮＡ（全日本空輸株式会社）チーフパーサー時代に行っていたチームマネジメント、採用コンサルティング会社採用リーダー職でのチームコミュニケーション法など、多岐にわたって紹介させていただきます。

そのほうが、あらゆる規模、事業内容、職種の方にも「○○のときは、△△のように対処すればいいんだな」と参考になるのではないかと考えたからです。

部下との距離の縮め方がわからないリーダー、必要なこと以外に話しかけられない管理職、これから部下を持つ先輩のあなた……。先のことを憂うことはありません。不安を感じることもありません。

本書を一読すれば、今あなたが抱えている悩みを「力」に変えることができます。

心地よい日々のコミュニケーションが、いかに業績や成果に結びつくものかをご理解いただき、ご自身のチームでぜひ実践してください。

2023年9月吉日

津田 典子

もくじ

最強のチームリーダーがやっている
部下との距離のとり方

プロローグ
あなたのチームの課題を見てみよう

第1章

うまくいかないチーム、残念なチームリーダーはこれだ！

第2章 快適距離感メソッドの土台は「マインド」

第3章 部下の変化を「観察」する
――実践・快適距離感メソッド

第4章

部下の内面を「想像」する
——実践・快適距離感メソッド

第5章 的確に思いを「表現」する
——実践・快適距離感メソッド

第6章 シーン別「部下との距離の縮め方」

ブックデザイン　山之口正和＋齋藤友貴（ＯＫＩＫＡＴＡ）
図版作成　富永三紗子
ＤＴＰ　フォレスト出版編集部

プロローグ

あなたのチームの課題を見てみよう

あなたのチームは大丈夫？

チームコミュニケーション健全度をチェック

「うちのチーム、めちゃくちゃ仲がいいというわけではないけれど、仕事も順調だし、まあ問題ないと思う」

「部下ともう少しコミュニケーションがとれたら……とは思うけど、とりあえずはうまくいっていると思う」

あなたはこのように考えていませんか？

こう考える理由の1つは、「自分のチームの状態を他のチームと比べることがない」からではないでしょうか。

そこでまず、あなたのチームのコミュニケーション健全度をチェックしてみましょう。

質問は全部で10個、該当する項目に☑を入れてみてください。

□チームメンバーには、毎日コンタクト（直接会話・メールなど）をとっている。

□部下とのやりとりは、メールやチャットよりも、直接会話することを重要視している。
□部下には特に用がなくても声をかけ、声かけをためらったことはない。
□チームミーティングでは、全員が自分の意見を躊躇《ちゅうちょ》なく発言できる風土がある。
□部下から仕事以外の話や相談をされることがよくある。
□指示がいらないくらい、メンバーはチームの役割を理解し、主体的に動いてくれる。
□メンバー同士が、お互いに個人的なことも含めて共有し、理解し合えるような場をつくっている。
□「こういうチームをつくりたい」というリーダーとしてのビジョンがチーム内に浸透している。
□メンバーはリーダーとしての自分以外に、個人として自分を理解してくれている。
□部下全員の個人的なことにも関心を示し、実際にある程度情報を持ち、理解している。

それでは診断結果をお伝えしましょう。チェックはいくつありましたか?

チェックの数　10〜9個

あなたのチームのコミュニケーションは大変良好です。チームパフォーマンスもよいのではないでしょうか。この状態はリーダー中心に意図してつくりましたか？「たまたま」「なんとなく」という方は、この本で自分のチームが機能している理由を明確にし、さらにワンランク上のリーダーを目指しましょう。

チェックの数　8〜6個

あなたのチームのコミュニケーションはそこそこ良好です。「そこそこ」というのは、居心地の悪さを感じているメンバーがいる可能性があるかもしれないからです。

気持ちや考えを把握できていない部下がいませんか？　能力の高い部下に頼っていませんか？　この課題に取り組むことが、「そこそこ」のリーダーから〝できるリーダー〟に進化できるかどうかの分かれ目です。メンバー一人ひとりの気持ちを把握できるコツを本書でつかみましょう。

チェックの数　5個以下

危険！　今すぐ改善が必要です。チームの目標達成はできていますか？　リーダーとして、納得のいく部下育成ができていますか？

今はチームの目標達成ができていたとしても、メンバーの不満がたまっていたり、モチベーションが下がっているかもしれません。本書をしっかりと読んで、チームの中で即実践！　です。

いかがでしたか。おそらくチェックの数が5個以下の方が多いのではないでしょうか。

私が講師を務める管理職研修でも「自分のことは話さない」「部下のプライベートも聞かない」という声をよく聞きます。

でも、そのようなリーダーの方々も、本当は部下といろいろな話をして、「もっと理解したい」「意見を言ってほしい」「のびのびと働いてほしい」と思っているものです。恐る恐る部下に声をかけたり、部下から「言いたいことが言えない」などと言われるような状況は、寂しいですよね。

上司から、そして部下から、なんでも言い合え、理解し合える、そんなチームづくりができたら、仕事がもっと楽しくなりますよ。

チームコミュニケーションの決め手は「心理的距離感」

前項のコミュニケーション健全度チェックの質問項目は、ひと言でいうと、「チームメンバーの心理的距離の確認」といえます。

心理的距離が近いということは、当然、リーダーと部下の関係が良好ということになります。

「コミュニケーションは距離感が大事」というのは、古くから言われている至極あたりまえのことだと思うでしょう。

確かにそうなのですが、さまざまなコミュニケーションツールを複数使いこなし、価値観が多様化している現代の仕事環境において、そのあたりまえに感じていた『距離感』がわからなくなっているのが実状です。

以前は自然に近づいていた距離が、同じやり方では近づかない、もう同じやり方ができない環境になっている――たとえば、以前の職場では熱く語る上司の言葉に感動し、黙ってついていく部下がいましたが、今それを部下にやってもまったく響かない。また、一緒に残業して苦労を共にして関係性を深めるということも皆無。自分の経験が通用しない状況に多くの方が戸惑いと居心地の悪さを感じているのです。

では、この「心理的距離感」が近いと、チームに何が起きるかというと、次のようになります。

- お互いの信頼関係が絶大。
- チーム内で助け合う、教え合う。
- 自由闊達《かったつ》に意見を言い合える。

それにより……

- チームの目標達成ができる。
- メンバーのモチベーションが上がる。
- メンバーが自動的に成長する。

チーム内で心理的距離感が近いと、このようにチームパフォーマンスを最大化させることができるのです。それもリーダーがあれこれ指示を出すことなく……です。

にわかには信じられないかもしれませんよね。詳しくは後述しますが、簡単な例で想像してみてください。お互いをよく知っている、学生時代の部活の先輩後輩のような関係性だったら、モチベーションが上がって主体的に行動する、助け合う風土ができる、結果メンバーが成長する、というのは容易にイメージできるのではないでしょうか。この心理的距離感を縮め、相手との快適な距離を保つコミュニケーション法を**「快適距離感メソッド」**として、これから解説していきます。

リーダーのあなたがすべきことは、部下と心理的距離を近づけることだけなのです。

本書の内容に入る前に、自己紹介を兼ねて、少しだけ私の話をさせてください。

私は大学を卒業後、ＡＮＡに客室乗務員職として入社しました。

ご存じのように、客室乗務員という仕事は、飛行機という密室の中で限られた時間内に数百人のお客様に対して、安全を確保しながら満足いただけるサービスを提供しなければなりません。

そのためには、客室乗務員同士のチームワーク、チーフパーサーのリーダーシップが不可欠でした。

毎回変わる上司に対応するため、その都度コミュニケーションを工夫する

私の担当は主に国際線乗務でした。国際線では、客室乗務員13〜15名で300名のお客様の応対をしなければなりません。

ただ、客室乗務員というのは少し変わった職場環境でした。自分が属しているいつものチーム（グループ）でフライトするのは月に1〜2回。あとは当日初めて会ったメンバーで即席チームをつくってフライトをするからです。

この環境が、人との距離を瞬時に縮めることや長く関わっていないメンバーでも一体感と士気を高めて結果を出すこと、そして、どんな人とも良好な人間関係を築くという本書でお伝えしたいスキルを醸成してくれたのです。

まだ若手の頃は、毎回変わる上司（チーフパーサー）のことを、「今日はどんな人かな？」とドキドキしたものでした。

同じ内容の報告をしても、「了解！　ありがとう」と言ってくれる人もいれば、「報告それだけ？」と注意されることもあり、初めのうちは人によって反応が違ってやりにくいな、と思ったりもしました。

しかし、相手は一度に13人から報告を受けるチーフパーサー。忙しい機内では、「とにかく短時間で報告が完了することが第一」と考えました。

この人には、どう伝えたら「わかった、ありがとう」と一度で了解してもらえるのか。そう考えたら不思議と、チーフパーサーの話し方や指示の出し方に注意が向き、「この人にはこう伝えたほうがいいかな」ということが想像できるようになったのです。

波長が合わない人、共感できない人、性格が真逆の人にどう対処する？

もちろん、すべての人と瞬時に良好なコミュニケーションがとれたわけではありません。波長が合わない人だっています。考えに共感できない人もいます。私とは性格が真逆のタイプの人もいます。

でも、当時の所属部署には客室乗務員が２０００名もいたのですから、いろいろな方がいて当然のことです。

そう考え、とにかく相手を理解しようと努めることから始めました。新入社員のときは自分から話しかけることをためらってしまうことも多々ありましたが、そんなときは、相手の一挙手一投足を観察したり、聞き耳を立てて他の人と話していることを聞いたり……。

そこから、相手の特徴を知り、話のきっかけをつかむように努めたのです。

また、新人時代は、合わない、少し苦手だなと思う先輩ほど、「先輩の話を聞きたいです。教えてください」というスタンスで近づいていく。そうすると、誰もが喜んでいろいろと話をしてくれました。自分が話さなければと思うとなかなか難しいところがありますが、「話を聞かせて」と相手に話してもらうのは、今でもよく使っているアプローチ方法です。

そして、この「自分から一歩近づき相手を理解する」というコミュニケーションスキルは、お客様対応やチーフパーサーでチームをまとめる際にも活用することができ、コミュニケーションがうまくいくと仕事が回る、結果が出る、ということを実感するようになったのです。

部下との距離を縮めるコツは、小さな組織でも活かせた

さらに、快適距離感メソッドはANA退職後に勤務した地元の中小企業でも活かすことができました。

パートで入社したにもかかわらず、正社員になり、部門のリーダーに昇格するまでのプ

ロセスにおいて、また部下15名の育成や上司との連携においても、このスキルを活用しました。

その一例を手短に紹介しましょう。

パートを含め社員20名ほどの小さな組織で、雇用形態や働く目的もさまざまなメンバーが集まった組織であるその会社は、ANAとは違いすぎて戸惑うことばかりでした。ANAでは、一を言えば十を理解してくれる、とまでは言えないものの、仲間とのコミュニケーションはそう困難ではありませんでした。

それは、全員正社員で入社して同じ教育を受け、企業理念も叩き込まれていること、ファーストクラス担当やチーフパーサーを目指して真面目に努力する姿勢を皆同じように持っていることなど、ベースにある知識や志向が似ていたからです。

しかし、バックグラウンドがまったく違う20名の会社のメンバーは、本当に考えていることや希望することが一人ひとり違い、思ったように伝わらない、ということがたびたび起こっていました。

そのため、その都度、足りない言葉を足し、相手に質問して理解に努めたり、違う部署の人とも休憩中にできるだけ話すなど、ANAのときと同じように、相手を知ろうとする努力を続けました。

そうやって、一人ひとりに丁寧に関わりながら、自分の考えと何が違うか、何が同じかを理解していくと、だんだん私の言葉がすぐに伝わるようになっていったのです。

特に自分との違いを大きく感じる部下には、ＡＮＡで見知らぬお客様に対しても距離を縮めていく手法を活用しました。

「快適距離感」の本質とは何か？

あなたは、人と接するとき、相手との距離感をどんなふうに感じますか？

「この人は毎週会うけど、なんかよくわからないな」と感じるときもあれば、「この人は初対面でもいろいろ話してくれてすぐにうちとけた」と感じるときもあるでしょう。また黙っていて「心地よい」ときと、「居たたまれない」というときもあると思います。

この違いは、どこからくるのでしょうか。大きな違いとして、「心理的距離感」が関係しています。自分と相手との間の快適な距離感というものを探って、「快適な場所」を見つけていきます。

感覚的なものなので、「本来は1メートル」という数値では測れません。しかし、人との心理とはおもしろいもので、この心理的距離は実際に相手と話すときの距離をイメージすると、数値で表すことができます。

たとえば、相手との距離感1メートルと言われたら、あなたはその人との距離をどう感じますか？「近い」ですよね。かなり気心の知れた相手、という間柄ではないでしょうか。

では、5メートルだったら？　遠く感じませんか？　少し声を張らないと聞こえない距離ですよね。「実はね……」という話はできません。

では、その中間の3メートルは？　手を伸ばしてぎりぎり届くか届かないか、人によって近い、遠い、ちょうどよい、が分かれる距離です。

あなたの部下との距離は何メートル？

では、相手を「部下」とした場合、あなたと部下との距離はどれくらいでしょうか？

もちろん部下によっても違うと思います。自分の下について3年の部下と、先月異動してきた部下でも違うだろうし、性格的に気が合う、真逆のタイプ……などでも変わってきます。

考えていただきたいことは、そのようなメンバー一人ひとりの個性を踏まえつつ、「一人ひとりが快適と思えるリーダーとの距離」です。

チームはリーダーの言動に大きく影響を受けます。

この距離が快適に保てれば、人間関係のストレスゼロ、リーダーに見守られながらメンバーは主体的に活動するため、チームパフォーマンスも上がる、理想のチームが出来上がります。

あなたのチームも、この快適距離感でもっと居心地のよい場をつくりませんか。

次の第1章で、ダメリーダーの例を見ながら、「快適距離感」を考えていきましょう。

第1章

うまくいかないチーム、残念なチームリーダーはこれだ！

チームメンバーとの距離を縮める「快適距離感メソッド」をお伝えする前に、まずは、残念なチームリーダーの実例を確認しましょう。このダメリーダーたちは、私がこれまでに実際に会った方をモデルにしています。

どこの組織にもいる典型的なダメリーダーのタイプですので、あなたも遭遇したことがあるのではないでしょうか。まさか、あなたは該当しませんよね？

「仕事ができる人・できない人」で部下を扱う「レッテル貼りリーダー」

ケース1

私がＡＮＡに入社して1年目、仕事を覚えることに必死の頃です。入社して初めて配属されたグループのリーダーＡさんがこのタイプでした。

「仕事ができる人」に認定されれば、難しい仕事がバンバン回ってきて疲弊。「仕事ができない人」に認定されれば永遠に信頼されない。どっちもどっち。部下の人柄や状況を見ずに仕事の結果だけを重視。そんなチームを切り裂くようなリーダーです。

どのような状況だったかというと……。

グループのメンバーは16名、リーダーのAさんは入社15年、グループリーダーの経験もすでにありました。

CAとしてサービススキルやお客様への対応力などは、15年も先輩ですし、もちろん尊敬に値する方でした。

しかし、部下育成という観点でみると、改善の余地があったのだと思います。部下の私は、いつも「いつ、できない人と言われてしまうのだろう」とビクビク小さくなっていましたから。

Aさんは、メンバーの仕事の評価について、フライトの空いている時間に、よくグループの先輩方に話していました。皆を育成する、成長させたいという気持ちを強く持っていたのでしょうが、私が近くにいるときにも話していたことがあり、「新入社員の私が聞いていいいの？」と思いながらも耳を傾けてしまいました。

どのようなことかというと、このようなつぶやきです。

「Bさんって何年たっても仕事できないよね。決まったことができるのはあの年次だったらあたりまえで、応用がきかないっていうか。まあ仕事できない、ってことだね」

「うちのグループでは、仕事ができるのはCさんとDさんだけ。あとの人はいい子だとは思うけど、仕事ができるっていうタイプじゃない」

そして、私の同期のEさんがたまたまミスを連発したとき、AさんはEさんのことを「仕事ができない人」という目で見るようになりました。仕事の分担を決める際は、1人で任せるような仕事の担当にはさせない、ビジネスクラスの担当にはつけない、簡単な仕事を任せる、というやり方です。

もちろんミスを連発したわけだから、しばらくは「気をつけてね」と注意をされたり、まわりが気遣ったり……ということはあります。

でも、その後どんなにEさんがお客様からおほめの言葉をいただいても、他のメンバーが「今はまったくミスもなくなって、よく動けていますよ」と言っても、Aさんが認識や対応を変えることはありませんでした。Eさんがやる気をなくしたのは言うまでもありません。

このグループでは、Eさんがやる気をなくしてしまうだけでなく、私も含めメンバーたちはみんな「Aさんの前ではミスできない」とビクビクしながら仕事をしていました。

今、冷静に考えると、Aさんはお客様に完璧なサービスを提供したいという思いの強さが部下に対する厳しさになっていたのだと、少しは理解できます。しかし、当事者のときは、やはり怖くて近づきにくい上司としか感じていませんでした。

Aさんから仕事以外の話をされた記憶もほとんどなく、一緒にフライトしていて、緊張感が抜けることはありませんでした。

部下に興味関心のない「無関心リーダー」 ケース2

採用コンサルティング会社の営業部のリーダーがこれから紹介するタイプの人でした。

個人的には、このリーダーが一番苦しかったように思います。部下に関心がないので、リーダーのことも部下に開示してくれず、最後までこのリーダーがどういう人だったのかよくわかりませんでした。

淡々と決められた仕事をするだけならなんとかなるのかもしれませんが、所属意識がまったく感じられない寂しいチームだったのです。

そのリーダーは、社長の次・ナンバー2のポジションにいて、部下を20名くらい抱える30代の男性でした。

部下はパートの主婦が7割ということもあったからなのか、そもそも人にあまり関心がないのか、部下と仕事で必要なこと以外は一切話そうとはしませんでした。

必要な指示を出したあとは、ひたすら自分の仕事に黙々と取り組む。仕事もできて職人気質《かたぎ》。自分の仕事が一番大切。部下育成には興味がなく、スタッフの指導も部下任せ。

その後、そのリーダーが退職するとき、私が彼の仕事を引き継ぐことになりました。そのリーダーらしく、引き継ぎマニュアルが膨大につくられていて、直接教わることはほんの一部。あとは「マニュアルを見ればわかるから」と共有ファイルがどんどん送られてきました。

さすがに、「私がこのあとちゃんと引き継いで問題なく業務ができるかが心配じゃないんですか？　あとで必ず質問に行きますから」と思わず言ってしまいました。

あまりに部下の出来や様子を気にしない、他人事《ひとごと》のような感覚に、部下としてとても寂しい気持ちになりました。

このタイプの方は、とても優秀で仕事も1人でバリバリこなします。難点は、「皆自分と同じようにやる、できる」と思ってしまうところ。だから、同じようにできない人を理解し寄り添う、という意識があまりありません。

そのため、このリーダーについていける人とそうでない人で、リーダーの評価が二極化してしまうのです。

ケース3 リーダーシップの方向性を間違えて、管理しすぎた「きっちりリーダー」

大学のキャリアセンター勤務時に、きっちり管理しすぎるリーダーと出会いました。

部下の仕事を詳細にチェックし、把握し、リーダーシップのあるリーダーともいえるのですが、部下はとにかく「大変」な思いをせざるをえなくなります。

もともとの性格と責任感の強さから、このような管理気質が発揮されるのだと思うのですが……。

キャリアセンターのセンター長でした。明るく人当たりの良い性格で、普通に話していると、とても楽しくいい上司でした。就業してしばらくはそう思っていました。

しかし、半年ほど経った頃、私が毎月発行の学生向け情報ペーパーと教員向け就活支援資料の作成をすることになったあたりから、雲行きが怪しくなってきました。

学内向け資料は、6000人の学生が対象、教員向け資料も12学科すべての教員に配布するため、間違いがあってはいけないのは十分理解していました。そのため、作成にあたっては誤字脱字がないか何度も見直し、読みやすい文章になっているかなどもチェックしてから、上司に最終チェックをお願いしました。

すると……、赤字で修正があるわあるわ、真っ赤に添削されて戻ってきたではありませんか。

「こんなに間違っていて申し訳ないことをしたなあ」

そう思いながら確認すると、間違いというより、体裁や見せ方の修正でした。

「タイトルの書体を〇〇フォントで、左に5ミリずらす」

「図表の罫線《けいせん》を細く」

「〈、〉の位置を変える」

「この文字はカット」

「ここの表現を変えて」

「ここ一行あける」

……実に細かく修正が指示されていたのです。本当にドラマに出てくるいじわる姑《しゅうとめ》かと思うほどで、「いやいや、変える必要ある？」と思うものも多々ありました。繁忙期でもお構いなし。就活が佳境の時期でキャリア相談枠が満席のときでも、同じように真っ赤になって戻ってきたときには、本当にがっくりしました。


この状況は、他の職員も同様で、むしろ多くの報告書や文書（大学は文書がとても多い）を作成する職員の方々も相当ご苦労されていた様子でした。もちろん読み手にとって読みやすい文書を作成するのはいいと思うのですが、毎回チェックの観点がずれていたり、「どっちでもよくない？」という修正を指示されたときは、ストレスがたまるばかりで、うんざりしたものです。

いわゆる「重箱の隅をつつく」タイプです。合理性のある価値のあるつつきは歓迎ですが、個人の嗜好的な指摘や非合理な指摘は、部下のストレスをため、信頼を失うことにつながります。

また、何よりも、重箱の隅をつついている間に、もっと重要な仕事をする時間が減ってしまうということがチームにとって問題となります。

「任せる」が口癖の「部下放置リーダー」　ケース4

部下になんでも任せてしまうタイプには2種類あります。

1つは、相談しても「任せる、好きにやっていいよ」と部下の相談を拒否する「部下放置タイプ」。もう1つは、本人が忙しすぎて部下と接する時間ゼロのため、任せるとしか言えない「危険綱渡りタイプ」です。

ケース4では前者のタイプを見ていきましょう。

ちゃんと部下の進捗や様子を常に観察し、適宜声をかけながら、「任せる。好きにやっていいよ」であれば、部下の成長を見守るとてもよい上司です。ですが、部下の話も聞かず、相談にも乗らずに「全部任せた、よろしく！」はただの無責任上司です。

部下：A社の件はこうやって進めようと考えているのですが……。
上司：わかった、じゃあそれでやってみて。あなたに任せるから。
部下：ありがとうございます。やってみます。
〈後日〉
部下：あの、ちょっとA社のことでご相談したいことがありまして。
上司：どうしたの？
部下：この点について○○と××でどちらを採用すべきかと。
上司：あー。ごめん、詳細がわからないからすぐに判断できないな。この件については、あなたに任せたから、決めていいよ。
部下：……そうですか。承知しました。
上司：よろしく頼むね。

この例は研修先の企業で実際にあった出来事です。管理職研修でワークを行う際に実例として出してもらいました。
研修では、どこの対応や声かけが悪いのか、すぐにわからない上司もいらっしゃいましたが、ここでの問題は、部下の「相談したい」気持ちを受け止めず、相談の詳細も聞かず、「任せたから決めて」という無責任な対応です。そもそも「相談したい」に対して「決めて」という回答はかみ合っていないですよね。

このタイプの上司は営業畑で多いかもしれません。営業先の様子は、上司が細かく見ることができない、結果で評価される、という営業職の特徴から、任せっぱなしになるケースが多くみられます。

「任せる」が口癖の「危険綱渡りリーダー」 ケース5

同じ「任せる」ですが、こちらのタイプは前述した「危険綱渡りタイプ」。忙しすぎて部下と接する時間が本当にゼロ、自分の仕事を抱えすぎているプレイングマネジャーが該当します。

部下育成に時間を割きたいけれど、ゆっくり時間をとっていたら自分が潰れてしまうのではないかというくらいの忙しさを感じている方が、つい部下を放置してしまい、それが常態化している感じです。会社として重大なインシデントが発生しかねない、危険な状態といっていいでしょう。
社員20名の採用コンサルティング会社で私が社長のすぐ下で仕事をしていたときは、まさにこの状態でした。

私　：社長、この件について先日出したドラフトを見ていただけましたか？
社長：あ、そうだね。ごめん今見るよ。（パラパラと見て）よさそうだからこれで。
私　：……わかりました。これで進めます（って全然見てないでしょ。間違っていても知らんぞ！）。

私　：社長、B社の訪問に同行いただく件で確認させてください。
社長：あ、ごめん、その日外せない用件が入っちゃって、津田さん1人でも大丈夫だよね？　よろしく。
私　：そうなんですね、わかりました。先方には私1名で訪問する、と連絡しておきます（来年度の契約、増額を提案するのに……失敗しても知らないよ）。

中小企業の社長は本当に毎日が忙殺状態で、忙しいさなかにやっと捕まえても右記のような有様でした。

慣れていることに関しては、「信頼して任せてくれている」と思えましたが、心配に思っているときに「大丈夫」と言われると、逆に「親身になって考えてくれない」と感じてしまいました。

また、会社の立場で考えても、この管理できていない状態は、今は何も起きていないからなんとかなっているけれど、これで本当にいいのかと常に疑問を感じていました。

もしも国際線に残念なチーフパーサーがいたら？　シミュレーション

ではここで、今登場したダメリーダーたちが、国際線フライトのチーフパーサーやパーサー（クラス責任者）だったらどんなフライトになるか、検証してみましょう。

もしも「レッテル貼りリーダー」がチーフパーサーだったら

〈グループフライト出発前の打ち合わせで……〉

津田CA：あの、本日ポジションリクエストがあるのですが、よろしいでしょうか。

チーフ　：はい津田さん、どこのリクエストですか？

津田CA：ファーストクラスのギャレー（食事の準備や管理担当）をやらせていただきたいのですが……。

チーフ　：そう、でも津田さん、先月、ビジネスクラスのギャレーで、オーダー数を間違えてお客様にオーダー変えてもらってたよね？

津田CA：はい、先月ではなく3カ月前ですが、オーダーミスでお客様にご迷惑をおかけしてしまいました。でも、それからはミスなくできています。ファーストクラスのギャレーは前回、他のグループのフライトで担当しました。お客様は3名と少なかったですが、問題なくできました。

チーフ　：そうなんだ。でもファーストクラスでミスがあったら困るんだよね。満席だし、ちょっと任せるの不安だな。ごめんまた今度で。

津田CA：わかりました。では、ビジネスクラスのギャレー担当をやらせていただけますか？

チーフ　：ビジネスか……、うーん、ちょっと心配だな。ギャレーは確実な人に任せたいから……。津田さん今日はエコノミークラスをお願いするわ。
津田CA：……わかりました。(またリクエスト却下された。これで5回連続、涙)

こうやってチーフが決めた役割分担でのフライトはどんな様子だったでしょうか。他のCAたちの声が聞こえてきます。

CA1：なんかいつも同じポジション(役割)だよねー。飽きた。
CA2：ほんと。どんなに希望出しても通らないよね。もう最近リクエストしてない。
CA1：いつも同じだと、そのときはラクだけど、他のグループのフライトで、急に「ファーストやって」とか言われるとかなり焦る。やっぱり定期的にやっておかないとスキル維持が難しいわ。
CA2：だよね。ピンポイントのスキルだけ習熟して、あとは退化しているかも。チーフは気づいてないよね。今日のフライトがよければOKって感じだし。
CA1：そうそう、津田さん今日もギャレー断られていたよ。

CA2：かわいそう……。がんばっているのにね。ずっと前のミスを引きずるの、やめてほしいな。チーフのフライト、毎回ビクビクする。
CA1：ほんと。怖いし、楽しくないし、やる気なくなっちゃうよね。

「無関心リーダー」がチーフパーサーだったら

〈グループフライト出発前の打ち合わせで……〉
津田CA：あの、本日ポジションリクエストがあるのですが、よろしいでしょうか。
チーフ　：はい津田さん、どこのリクエストですか？
津田CA：ファーストクラスのギャレー（食事の準備や管理担当）をやらせていただきたいのですが。
チーフ　：ファーストのギャレーね、わかりました。よろしく。
津田CA：ありがとうございます。（えっ、何も確認しないの？）
山田CA：チーフ、私はエコノミークラスのパーサー（責任者）をやらせていただきたいのですが。

チーフ　：山田さん、エコのパーサーね、了解。（淡々と）

〈フライトが無事に終わって〉

津田CA：チーフ、ファーストクラスを一緒に担当させていただき、ありがとうございました。今日の私のギャレーワークでお気づきの点を教えていただけますでしょうか。

チーフ　：そうねー、特にないわ。特に問題なかったよ。

津田CA：そうですか、ありがとうございます。（細かなミス結構あったのに、見てなかったの？）

津田CA：高橋さん（先輩CA）、今日の私のギャレーでお気づきの点をアドバイスいただけませんか？

高橋CA：そうねー、前菜の準備をするときに◯◯、メインディッシュの盛り付けが△△、オーブンから出すタイミングで▽▽……、なんかを気をつけたらいいと思うよ。

津田CA：具体的なアドバイスをありがとうございます。（やっぱりあるよね。チーフは見てくれてなかったんだな）

リーダーの言動がチームをつくる

ダメリーダーの事例を読んで、どう感じましたか？

前者「レッテル貼りリーダー」の事例では、チームメンバーが、

■過去を引きずって切り替えができない。

■今日のフライトしか見ておらず、先を見ていない。

といったことをリーダーの言動から弱点を端的に指摘。さらに、

■チームメンバーはチャレンジできない環境にやる気をなくしている。

■「ミスする人」のレッテルを貼られまいとビクビクしている。

■メンバーのスキルの偏りと成長抑止が起こっている。

といったリーダーの言動によって出てきたチームの問題についても認識しています。

後者『無関心リーダー』の事例はどうでしょう。

■何も確認しないで大丈夫？
■それは部下を信頼しているのか放任しているのか？

と部下を不安にさせ、結果、

■放任だった。
■何も見ていなかった。

とリーダーがメンバーの成長や考えにあまり関心を持っていないことに気づきます。このチーム、この後、どうなるでしょうか？

このリーダーの言動、どう改善したらいいのでしょうか。

結論から言ってしまうと、この2人のリーダーには、

■目の前の部下を見ていない。
■部下のやる気を削《そ》いでいる。
■自分の言動が部下との距離を遠ざけている。

といった共通点があります。

特に3つ目の「自分の言動が部下との距離を遠ざけている」状態は重症です。これが改善されないと、チームとしての成果を出すことは不可能です。

1＋1＝2の成果は出ても、それは単に個人の成果を足しただけにすぎません。

1＋1＝5になるようなチームの成果は、部下との距離が縮まれば縮まるほど、6、8、10と増えていくものなのです。

「快適距離感メソッド」をマスターしよう

本書のテーマである快適距離感メソッドでは、土台となる「マインド」に加え、実践に必要な「観察力」「想像力」「表現力」という3つの力を利用して、部下との距離を縮める方法、心地よい場をつくる方法についてお伝えしていきます。

といっても、どの要素も決して難しいことをお伝えしていくわけではないので、ご安心を。むしろ、「えっ、これだけ?」と思う部分もあるかと思います。そうなのです。快適距離感メソッドは、あなたが持っているけれど使っていない感覚、知っているけれど使っていなかった思考を使い、部下に一歩近づいたり、寄り添ったりする。それだけなのです。

だから、やる気とマインドさえあれば、誰でも今日から実践できるのです。

部下との距離をなんとか近づけようと思っているがうまくいかないあなた。

部下との距離なんて考えたことがないあなた。

部下との距離は年々遠くなっているのはわかっていたが仕方ないと思っていたあなた。

成果が出ていれば、人間関係は気にしないと考えているあなた。

そもそも部下が何を考えているのかわからないと思っているあなた。

リーダーの立場にあるならば、ぜひ実践していただきたいと思っています。

快適距離感メソッドの目的

ここまでお読みくださった人の中には（部下との距離を近づける、ということだけを見て）、こう思っている人もいるかもしれません。

「会社は仲良しグループをつくるところではない」

もちろん、その通りです。このメソッドは仲良しグループをつくるためのものではありません。「①社員が主体的に行動し、最大パフォーマンスを発揮できる環境をつくり、②結果としてチームの成果を最大化する」ためのリーダーの言動の在り方を説いたものです。

日頃、チームの成果を最大化するために、ミーティング、進捗管理、時間管理などさまざまなことをされていると思います。このメソッドはそれらを否定するものではありません。それら日々の活動の中にこのメソッドを取り入れることで、さらに成果があがるはずです。

私は、企業の研修でこの考え方に基づいて、管理職研修やマネジメント研修、部下育成、チームコミュニケーション研修を行っています。

内容を説明すると、「そんなことはわかっているよ」という顔をされる方もいらっしゃいますが、実際にワークで部下役の方に声をかけてもらう、部下の気持ちを考えてもらう、ということをすると……できない人がたくさんいらっしゃいます。

コミュニケーションのとり方は、手順がマニュアルで決まっているわけではないので、頭でわかっていても、いざ行動するとなると意外に難しく、言葉が出てこないことがよくあります。

そのため、本書では第6章に、快適距離感メソッドのシーン別ワークを設けました。このあと第2章から第5章までをじっくりと読みご理解いただき、ぜひ第6章に取り組んでみてください。

第2章

快適距離感メソッドの土台は「マインド」

ここから、いよいよメソッドの詳細についてお話ししていきます。

具体的な方法をお伝えする前に、一番大切なことって何だと思います？　そう、部下と接するときのマインド、心がまえです。

リーダーの方々に、「部下と接するとき、どんなことを意識していますか、気をつけていることって何ですか？」と尋ねると、多くの人は次のように返答します。

「社内で顔を合わせたときには、できるだけ声をかけるようにしています」

「指摘するときは、まずほめて、最後に少し改善点を伝えるようにしています」

要するに、タイミングや伝え方に気を配っているのです。

中には「ひと声かけるのも、パワハラにならないように、めちゃくちゃ気を遣っています」というリーダーの悩みともとれる回答も……（みなさんの日々の気遣いの様子、お察しします）。

ここで考えていただきたいのは、この「気遣う」ということです。

本当に相手のことを心配している場合は問題ないのですが、**「パワハラに思われたくない」「辞められたら困る」という一歩引いた接し方は、気持ちが伝わるどころか、かえってマイナスに作用してしまう**可能性があります。

では、どのような気持ちを持って、部下と接したらいいのでしょうか。

基本姿勢は「人としての興味関心を持つ」こと

まず、〝人として〟ということがポイントになります。

わかりやすく言いましょう。あなたは部下のことを〝部下として〟以外の目線でも見ていますか？

部下として見て、仕事の進捗、成長度合い、社内での人間関係、キャリアビジョンなどに関心を示すのは、当然のことです。

そこからさらに、1人の人間として、物事に対する考え方、性格、今熱中していること、悩んでいること、家族、将来のことなど、仕事以外にどんなことを考えて日々過ごしているかまで関心を広げているでしょうか。

たとえば、私がANAのグループリーダーの頃、部下によくこんなふうに接していました。

いつも明るく楽しそうに仕事に取り組んでいた部下のMさんが、「なんだか最近は特に明るく積極的に仕事をしているなあ」と感じました。そこで、次のように話しかけてみました。

私：Mさん、なんだか最近楽しそうだね。今日もいい笑顔でサービスできていたよ。
M：え、そうですか。ありがとうございます。
私：この調子で明日もよろしくね。ところで、最近何かうれしいことあったんじゃない？　なんだろう？　興味あるなー。なになに？
M：えへへ、実は……。

部下に送るシグナルは「あなたに興味あります」

ポイントは、「興味あるなー」のひと言です。あなたに興味がありますということをダイレクトに伝えているところが、部下の気持ちをとらえ、素直に「実は……」と個人的なことを開示してくれる気持ちにさせるわけです。

「興味あるなー」

「楽しそうでいいね」

「知りたいな」

このような「あなたに興味あります」のひと言をぜひ部下に投げかけて、そして興味・関心を示して話を聞いてあげてください。

当然ですが、そこでいきなり「彼女（彼氏）でもできたんじゃない？」などと聞くのは絶対にNGです。これはセクハラになるのはもちろん、本人に関心があることを示しているのではなく、本人の性的なことに関心を示していることになるからです。

あなたもこの事例のような状況を経験したことがありませんか。ただ、おそらくは、

「この調子で明日もよろしくね」で終わってしまっているのではないでしょうか。

部下が何かいい仕事をして、それをほめて、「はい以上！」ではもったいない。ほめるタイミングは、部下との距離を縮める絶好のチャンスなのです。そのためには、部下に「興味関心を持つ」というマインドを常に持って接することが大切です。

部下への興味関心を示す会話はどっち？

もちろん、ほめるタイミング以外の日常の何気ない会話でも、気持ちの根底に〝部下へ

の興味関心〟があると、会話をしながら相手への理解がどんどん深くなっていきます。

たとえば、次の2つの会話を比べてみてください。部下への興味関心を示している会話はどちらだと思いますか。

〈会話A〉

私：昨日は久しぶりに晴れの日曜だったね、どこか行ったりした？

部下：本当にいい天気でしたよね。思いつきでふらっと鎌倉に行ったんですよ。

私：えーいいね！　ふらっと鎌倉。ところでなんで鎌倉なの？

部下：いや、実は私、お寺や神社に行くのが昔から好きで、時間があると時々行くんです。

私：えーそうなんだ。昔からよく行っているんだね。お寺とかってなんだか気持ちが落ち着いたりするよね。

部下：そうなんです。本堂の奥の裏山に入ったりすると、静かで自然も感じられて、ほんといいんですよ。

〈会話B〉

私：昨日は久しぶりに晴れの日曜だったね、どこか行ったりした？

部下：本当にいい天気でしたよね。思いつきでふらっと鎌倉に行ったんですよ。

私：えーいいね！　ふらっと鎌倉。鎌倉のどこに行ったの？

部下：明月院と円覚寺《えんがくじ》です。

私：明月院ね！　いいよね、混んでなかった？

部下：まだあじさいの季節ではなかったので、それほどでも。でも外国人旅行者は多かったです。

私：そうそう、あじさいで有名だよね。私も5年くらい前にあじさいの時期に行ったことがあるけど、とにかく混んでいてあじさいどころじゃなかったよ（笑）。そういえば、明月院の近くに建長寺ってあったよね？　建長寺は行ったの？

相手の志向や気持ちにどれだけ敏感になれるか

さて、AとBの会話、一見、どちらも話が盛り上がっているように見えますよね。雑談としてはどちらも会話が進んでいて良いとは思います。では、〝人として関心を持った〟会話をし、部下の人となりがよく理解できた会話はどちらでしょうか。

もう、おわかりですよね。答えはAです。

Aでは、「なぜ鎌倉を選んだんだろう」「鎌倉でどのように過ごしていたのかな」「何が楽しかったのかな」という相手の志向や気持ちに興味を持って質問や話をしています。そして、社内では知ることのない部下の一面を知ることができました。

一方のBでは、会話の中心は「私の知っている鎌倉」でした。まるで観光案内のように……。これは共通の話題の「モノ・コト」について延々とレクチャーや経験談を話し続けてしまうケースで、さんざんしゃべったのに、結局相手の人となりはわからずじまい、なんていうことも。

旧知の仲ではこのような会話は楽しいひとときですが、部下との間では、理解が深まって距離が縮まることにはつながりません。

これまで部下と話した雑談を思い出してみてください。残念ながらBの会話になっていませんでしたか？　むしろ、一生懸命会話を盛り上げなければ……と必死に状況説明や観光案内をしていた、という方もいるのではないでしょうか。

Bの会話も、もちろんしないよりしたほうが、部下とのコミュニケーションという点ではプラスです。

しかし、〝人としての関心〟というところを少し意識するだけで、部下の理解が深まり距離が縮められるなら、お互いにとってAの会話のほうがいいとは思いませんか。

部下の誤解、認識のズレの受け止め方

次に、自分が部下からこのように思われている可能性について考えたことはありますか。

「いつも〝話しかけるな〟オーラ全開で、聞きたいことがあっても、とても聞ける雰囲気ではない。声をかけづらい」

「なんでも聞いてって言ってるわりには、聞くと迷惑そうな顔をする」

あなたは別に話しかけられることを嫌がっているわけでも、迷惑と感じているわけでもないはず。ただ、部下にはそう「見えて」しまっているのです。

自覚がないだけに、「どうしたらいいんだ？　迷惑そうな顔って、この顔は生まれつきだ！」などと開き直ってしまっては、何も改善されません。

ではこのズレ、どのような気持ちで受け止め、解消していけばいいでしょうか。

まず、理解しなければならないのは、コミュニケーションにおいてこうしたズレが発生するのはあたりまえだということです。

「みんなちがって、みんないい」という詩句がありましたが、人は考え方や表現の仕方は皆違うので、自分が思っているように伝わらなかったとしても、「そういうこともある」のです。「そういうこともある」と思えば、ズレが起こっているという事実を冷静に受け止めることができるのです。

事実を冷静に受け止められれば、改善策に目が向く

では、〝そういうこともあるマインド〟でこの事例について考えてみましょう。

受け止めるべき事実は、

■普通に仕事をしているときの表情が、部下には「話しかけるな」と言っている表情に見え、聞きたいことが聞けない。

■仕事中に質問されたとき、部下には迷惑そうな表情に見え、聞きにくい。

そして、事実を受け止めるときにやってはいけないことは、「私って怖がられているんだ」「話しかけにくいと思われている」と〝自分〟にフォーカスしてしまうこと。

ズレが生じている状況というのは、自分の考えと相手の考えが合致していないため、お互いにマイナスの感情が出やすくなります。そこで、このようなときは、「今どういう状況であるか」という〝事実〟を受け止めることが大切で、それが傍線を引いた部分なのです。

「聞きたいことが聞けない」「聞きにくい」――これが現状の事実です。

「組織として、上司に聞きたいことが聞けない、聞きにくい状況というのは改善すべきことである」という現状認識に基づいて、この課題を解決する対策を考えると、誰が悪い、という発想が不思議となくなっていきます。

たとえば、対策は次のようにさまざまに考えられます。

■集中して考えているときに急に話しかけられると、表情が厳しく見えることがある、ということを部下にあらかじめ言っておく。

■上司は声をかけられたときは、一呼吸おいて笑顔を心がける。

■相談や確認の時間をあらかじめ決めておく。

■部下から見て迷惑そうな顔に見えたときには、素直に「今はご迷惑ですか？　何時頃がご都合よろしいですか？」と聞く。

誰も責めたり、どちらかが我慢する、ということもありません。

このように、コミュニケーションでズレやギャップが生じた場合は、**誰かのひと言や態度にいちいち反応せずに、「そういうこともある」と状況を冷静に受け止めるマインドが、ギャップを埋めるカギとなる**のです。

意図せぬ「話しかけるなオーラ」を消すには？

ここで、管理職やリーダーのみなさんにお尋ねします。

「私はいつも話しかけやすい雰囲気でいるはず」と自分では思っているつもりでも、部下から「話しかけるなオーラ全開」ととらえられてしまうのはどうしてか、その理由を考えたことはありますか？

それは、「話しかけていいよ」の気持ちが見た目で表現できていないからです。気持ちは心で思っているだけでは伝わりません。思っていることを表現して初めて、周囲から認知されます。

もう少し具体的に言いましょう。

改めてお尋ねしますが、終始厳しい顔でＰＣとにらめっこしていることはありませんか。オンライン会議で時間ピッタリにログインしてきたと思ったら「じゃあ始めようか」といきなり本題に入ってしまうことはありませんか。

難しい案件のことを頭の隅に置きながら片手間で話したりはしませんか。

こうした無意識の言動などは、悪気がなくとも、見た目でわかりやすく「私は忙しいんです。話しかけないで」を表現してしまっているのです。

会議室から急ぎ足で帰ってきたと思ったら、無言でまた次の会議へ消える……というような場合は、まさに全身で忙しさや話しかけないでと伝えているようなものです。

では、どうやってオープンマインドを表現すればいいでしょうか。

表現方法としては、①表情　②態度　③ことばの3つがあります。順を追って説明しましょう。

①表情

一番わかりやすく効果が高いのが笑顔です。笑顔とまでいかなくても、穏やかで笑みを浮かべている、落ち着いた懐の深さを感じさせる表情などもよいでしょう。

上司の表情は部下の心理状態に大きく影響を与えます。上司の穏やかな表情は、話しかけやすい雰囲気だけでなく、部下が安心して仕事に取り組める場もつくり出します。

私が、チーフパーサーをしていたときには、客室乗務員としてお客様に対する笑顔を心がけていたのはもちろん、チーフ（上司）として、後輩CAが意見を言いやすい場をつくるために、笑顔でメンバーに接していました。「上司は笑顔で部下に接するという任務がある」くらいの気持ちで表情を意識してみてください。

②態度

話しかけないでオーラが出ている上司には以下のような特徴があります。

- いつもバタバタと急いでいる。
- 机の上や引き出しに整理されていない資料が積んである。
- 視線が下向きで視野が狭い。

どうです？　思い当たるフシはありませんか。

もし、そうなら、これからはこれらの逆の態度をとれば、周囲にゆったりとした安心感を与えることができます。

忙しくても動作はゆっくり。机の上は整理整頓。視線を少し上にあげて360度の視野で部下の様子をキャッチする……といった感じです。

テレワークの場合でしたら、オンライン会議の最中、しっかりと部下の表情や様子を見たり、ひと言声をかけてあげるなどです。

動作を少しゆっくりさせても、使う時間はわずかです。「のんびり仕事をしている暇はない」と思っている方こそ、深呼吸してオフィス内をゆっくり歩くことをおすすめします。

③ことば

笑顔や態度にプラスのことばがついたら、オープンマインド全開！　部下は安心して上司に話しかけられます。

ただし、**ことばだけでは前述した「なんでも聞いてって言ってるわりには、聞くと迷惑そうな顔をする」という状態になるので、ことばは笑顔や態度とセットで使うことが大切**になってきます。

有名な「メラビアンの法則」でも「視覚情報（表情や態度）と言語情報（話した内容）に乖《かい》離《り》があった場合、人は視覚情報を優先させて判断する」とされています。

自分自身が焦っていたり、余裕のない表情をしていたら、「いつでも聞いて」「何か困ってない？」という言葉を口にしたとしても、部下の心には響きません。それどころか、部下は「とても相談できる雰囲気ではないな」と感じ、ひと言「大丈夫です」と静かに答えるというかみ合わない結果になるのです。

「いつも」が部下との距離を縮めてくれる

あなたは、いつ部下と話をしていますか？　意図してその時間をつくっていますか？

こうお尋ねすると、「テレワークでなかなか会えない……」「忙しくてなかなか時間がとれない……」などといったつぶやきが聞こえてきそうです。

もちろん、その気持ちはとてもわかります。でも、「時々」「たまたま会ったときに」では部下のとの距離は縮まらないどころか、離れていく一方です。

部下育成は子育てと似ています。人を育てるという点では同じだからでしょうか。

同じ家に暮らしていても、たまにしか会話をしない、たまに会ったときに聞く話題は成績や進学のことだけ……では、子どもとの信頼関係は築けないですよね。

子どもだって、自分自身に興味があるのか、自分の進学先に興味があるのかくらい察知します。いつも関心を示さないのに、急に「話をしよう」と切り出されても、子どもは心を開いて話をすることはありません。

部下育成もこれと同じことが言えます。時々思い出したように話しかけるだけ、それも「予算達成しそう？」「予定通り進んでいる？」と仕事の結果だけに関心を寄せた声かけをしていませんか？　だとしたら、声かけやチャットなど、部下とのコミュニケーションはできるだけ頻繁に行うことが大切です。

「1カ月に一度30分面談する」ではなく、「毎日1分」のほうが信頼関係をつくるのには効果的です。毎日行っていると、仕事の話だけでは話題がなくなるので、自然と個人的な話題も出てきたりします。そこがまたいいのです。

毎日といってもシフト勤務などで勤務日が合わない場合は、勤務が合った際には必ず会話をしたいものです。

あいさつ言葉プラスひと言の声かけ

ただ、中には次のように反論する人もいるかもしれません。

「声かけなら、毎日やっているよ。出社したら『おはよう』と言うし、退社するときも『お疲れ様』と言っている」

しかし、残念ながらあいさつ言葉だけでは、「距離を縮める声かけ」にはなりません。声かけとあいさつは根本的に質が違うからです。

想像してみてください。あなたは上司から毎朝「おはよう」とあいさつされて、「気にかけてもらっている」と思いますか？　そうは思いませんよね。あいさつは「することがあたりまえ」なので、あいさつをされたから自分を見てくれている、とは思わないのです。

ではどうすればいいのか。方法は意外と簡単。「あいさつ言葉プラスひと言の声かけ」をすればいいのです。

「おはよう、昨日の雨すごかったけど、帰りは大丈夫だった？」

「おはよう、ん？　眠そうだね、何かあった？」

「おはよう、今日もお子さん元気に保育園行った？」

「お疲れ様、今日の調子はどう？」

「お疲れ様、今日もパンパンにつまった業務をありがとう」

このような、相手の状況を確認するようなひと言、様子を心配するようなひと言を付け加えるようにするのです。

初めはうまく返答できない部下もいますが、日々このような声かけをしていくと、部下もさらりと状況が伝えられるようになります。

さらに、毎朝このような時間を設けていると、この返答の続きで、「課長、ちょっといいですか、ご相談が……」と部下からの相談や報告がこまめに入ってくるようになります。

これが毎日、いつも声をかけることとの最大の効果です。いつでも上司に話せるタイミングがあるということは、部下にとっては大変ありがたく安心できるものです。

「相談したいけど忙しそう……。いろいろ報告したいけど、時間がかかるから1つだけ……」と部下は遣わなくていい気を遣って、実は話しかけることをためらっています。

「いつも」話しかけることで、「いつでも」話せる安心感が、部下との距離を縮めることになるのです。

日々のちょっとした声かけを「忙しくて……」などと言い訳をしている場合ではありません。10人部下がいたとしても、1人1分、10人でたったの10分です。

この10分で、10人プラスあなたの生産性が上がるとしたら、かつ11人の信頼関係も深いものになるとしたら……とても有効な10分だと思いませんか？　まさにその時間はゴールデンタイムですよね。

「顔を見たときは必ず」という気持ちで

また、シフト勤務で毎日部下に会うわけではないから、という方も考え方は同じです。

私もANA時代はシフト勤務だったため、自分のグループメンバーに会えるのは1カ月に5〜6日ということもありました。そのため、2週間ぶりに会えたときなどは、その空白の時間を埋めるかのように、機内サービスがひと段落した隙間時間などに、業務のことやプライベートのことを話題に話をしていました。

それも**根掘り葉掘り聞くというのではなく、「久しぶりに会えたね、この2週間はどんなふうに過ごしたの？　どんなことがあった？」というスタンス**です。

たとえば、次のような声かけです。

「2週間ぶりだね、体調崩したりしてない？」

「久しぶりー！　元気そう。ここ最近一番のトピックスは？」

「どこのフライト行った？　へー、ファーストクラス担当したんだ、どうだった？」

「トピックス思いつかない？　じゃあ、お客様とどんな話をしたか教えて」

「オフの日はどんなふうに過ごしたの？」

テレワークや外出が多くて、部下となかなか会えないという場合も同じです。

「顔を見たときは必ず」という気持ちで声をかけてあげると、部下も「会ったときはいつも気にして声をかけてくれる」という印象を持ってくれるに違いありません。

さあ、あなたなら、どんな声かけをしますか?

ビジョンや方向性、部下への期待を常に示す

ここまでお話ししてきたマインドは「あなたから部下へ心を寄せる」「声をかける」という「上司→部下」というベクトルの話でした。

今度は、その逆に「部下→上司」に関心を持ってもらう、理解してもらうことで、部下からも近づいてもらい距離を縮める方法をお伝えしましょう。

まず、部下から近づいてもらうために、**一番に大切になってくるのは、「上司として持っているビジョンや方向性、そしてそれぞれの部下へ期待していることを常に示す」ということ**です。

あなたという人を理解してもらう

本章の初めに「部下に対して人として興味関心を持つ」とお話ししましたが、一方的な片思いになってしまっては、人間関係は成り立ちません。部下が「上司だから仕方なく話

す状態」も寂しいですよね。

そこで、上司側からのアプローチと同時に、部下からも「上司がどういう人で、仕事や人生に対してどんな考えを持っているか」という関心を示し、理解してもらうようにするのです。

そのために、あなたがやるべきことは「常に自分を発信する」ことです。

具体的には、次のようなことをです。

- 部課をどのようなチームにしていきたいか。
- どのように目標達成したいか。
- メンバーにどうなってもらいたいか（メンバーに期待すること）。
- 自分の業務スタンス、考え方。
- 育児や介護や勉強など、プライベートで抱えていること。

こういったことを、会議や面談の場はもちろん、ちょっとした声かけのタイミングや、オンラインで全員揃うのを待っている間などを利用して、こまめに伝えていくのです。

あえて大きな声でつぶやいたり、ひとり言のように話すのもいいでしょう。

大切なのは「日々、私はこう考えている。こうしたいと思っている」ということを部下に伝えよう、部下に知ってもらおうとする気持ち。これをいつも意識するようにしてください。

部下から聞きにくいことに敏感になる

その際、注意を払っていただきたいのは、前述した「部課をどのようなチームにしていきたいか」「どのように目標達成したいか」といった項目は「部下からは聞きにくい」ということです。

仕事の目的やスケジュール、やり方などは、部下からも確認項目として聞きやすいことですが、人の考え方、スタンスといった概念的なことというのは、一般的に聞きにくい内容です。だからこそ、自分から発信すべきなのです。

それでもピンと来ないようでしたら、**あなたが部下だった頃を思い出してください。**

仕事の内容や納期、やり方など業務指示については、わからなければ仕事にならないこともあり、すぐに聞けたと思います。

でも、上司の思っていることやチームの運営などについては、よくわからなくても、とりあえず自分の担当業務はできるので、わからないまま放っていませんでしたか？　知りたいと思っていなかった、という方も中にはいるかもしれません。

以前は職場の飲み会の席で、上司からこのような根本的な話をじっくり聞く機会もあり、そこで初めて上司の人柄がわかって親近感が湧いた……ということもありました。

しかし今はそういった場も少なくなってきているので、日々の業務の中で小出しにして、自分を理解してもらう努力をすることが大切になってくるのです。

声かけは〝ぼそっとしたつぶやき〟でもいい

私が社員20名の採用コンサルティング会社にいたときのことです。

入社して経営管理部に配属になったまではよかったものの、なんとデスクが社長の目の前。初めのうちはずっと見られているような気がして緊張していましたが、しばらくすると、社長が電話で話していることが耳に入ってきたり、つぶやき声まで聞こえてきたりして、社長が何を考えているのか、困っているのかがなんとなくわかってきました。

さらに、社長から「これってどう思う?」「こう思うんだけど、一般的にはどうかな?」と意見を求められたり、「こんな会社にしたいんだよね」とぼそっと想いを吐露する場面にも何度も遭遇しました。

そのとき、社長が近くの部下に聞こえるように、意識して話したりつぶやいたりしていたかは不明です。

しかし、この経験で、**上司の考えや信念は、ぼそっとつぶやく……、あるいはちょっと意見交換をする……という何気ない日常のやりとりの中で部下に浸透していくもの**なのだということを実感したのです。

その後、営業部のリーダーになり、デスクが社長から一番遠い場所に変わったことで、実は社長とのコミュニケーションにとても苦労するようになりました。日々のちょっとした会話が激減し、社長の考えていることに触れるのがほぼ会議の中だけになってしまったからです。

会議は、いわば「公式の場」。漠然とした構想やちょっとした思いつきなどは時間制限のある中では出しにくいものです。だからこそ、日常のつぶやきが大事なのです。つぶやきのような、その人の根底にある考えや気持ちに触れたとき、部下は上司を理解できたと判断。距離がぐっと縮まるようになるのです。

さあ、あなたも普段なかなか口にしないような妄想や構想を、ぜひ周囲の部下たちにつぶやいてみませんか。部下のあなたへの関心がぐっと増しますよ。

その声かけは、部下への期待を示すどころか逆効果

「今月も目標達成、期待してるよーがんばって！」

あなたはこのような声かけを「部下に期待を示している」と思って口にしていませんか？

だとしたら、要注意！　これは部下への期待ではなく、部下からしたら、ただのプレッシャー、いやむしろ脅迫に近いセリフです。

期待を示すのは、部下が「よし、がんばろう！」と思い、モチベーションが高まる示し方でないと意味がありません。心の中で「そんなの無理に決まってるじゃん」と思われたら、なんの効果もないのです。

こう言うと、「大丈夫。期初・期末面談で、ちゃんと部下と一緒に目標設定しているか

ら」という人がいるかもしれません。

実際、部下との面談を定期的に行い、その中で、数値的な目標はもちろん、「あなたにはこういう働きを期待しているよ」「ゆくゆくはこういう立ち位置で」というような期待の示し方をしている企業も少なくありません。

もちろん、面談の中で期待を示し、部下に納得してもらい、やる気を引き出すことは大切なことです。

ただ、その面談の効果、半年も続きますか？

言ったほうも言われたほうも忘れてしまった……なんていうことはないでしょうか？

このフレーズが部下の心の琴線にふれる

そこで、日々の業務の中のちょっとした会話の中で、

「明日、新規のお客様への訪問だね、報告楽しみにしているね」

「この前のプレゼン、とても良かったよ。これなら来月のプレゼンも大丈夫だね」

「今回の企画書は○○さんにお願いしたいんだけど、どうかな？」

「半年後の目標、もうできちゃいそうだね」

「この前決めた目標、順調に近づいているね」

といったことを伝えてほしいのです。

面談の中で言われるよりも、日常の中で言われたほうが、「いつも自分のことを考えてくれている。いつも期待してくれている」と感じ、そう思うと人は「期待に応えたい」と無条件に思うものなのです。

仮に毎日、半年前の面談で決めた目標値を書いたメモを自ら見返すという優秀な部下であったとしても、上司の口から、「○○さん、報告楽しみにしているね、行ってらっしゃい」「そろそろこんなこともできそうだね」と言ってもらえたらどうでしょう。自己管理できている部下のやる気をさらに高めることができます。

部下はこのひと言を期待している

私もＡＮＡ時代、周囲の期待の声にうまく踊らされて、次々と新しい業務にチャレンジしていきました。

当時は、機内サービスの業務を、段階を追って習得していくようになっており、エコノミークラスのサービス担当→ギャレー（キッチン）担当→ビジネスクラスのサービス担当……という順で経験を積んでいきました。もちろん期初の面談でもいつまでに何をする……というのは設定しています。

新しい担当をする際は、基本的に自分から「本日〇〇担当をさせてください」と上司であるチーフパーサーに申告します。自分でも「そろそろ〇〇担当やらないと」「いつやろうかな」「緊張するなー」と数週間悩んで申告するのですが、これがしんどいのなんの。

シミュレーションは何度もするものの練習なしのいきなり本番。大勢のお客様を前に初めての担当業務をミスなく行わなければならないという緊張感が申告の壁になっていたからです。

ところがある日、同じグループでフライトをしている先輩から、こう言われたことがありました。

「津田さん、もうビジネスのギャレーできそうだから、次のフライトでやってみなよ、フォローするから」

自分としては来月中には……と思っていたことを、「もうできるよ」と言われて非常にうれしかったこと、さらにフォローするとまで言ってくれたことに期待や信頼を感じた私は即「やります」と返答。もちろん、次のフライトまでに陰で必死に勉強したことはいうまでもありません。

このように、**期待を示すことで部下は主体的に行動するようになり、その結果早く成長する↓チームとして目標達成が早まる&信頼関係が深まると、上司・部下・チーム三方よしの結果になることは、あらゆる職場で言える**と思うのです。

また、これらの声かけの例を見ると、ほめる、認めるということと似ているように見えるかもしれません。

でも、微妙に違っていて、**期待を伝えるというのは、過去の行動ではなく未来の自分のポテンシャルを信じてくれている、ポテンシャルを認めてくれている、という大変うれしい信頼の形**なのです。

さらに、ポテンシャルを期待されることで、現在があまり良い状態や成果でなくても、「これから挽回してやろう」という前向きな気持ちになれます。

部下をやる気にさせながら、自分の思いを伝え信頼関係を強める「期待を示すメソッド」、やらない手はありません。

居心地のよいコミュニケーションの場をつくる

ここまで5つのマインドについてお伝えしてきました。

①人としての興味関心を持つ。
②「そういうこともある」と冷静に受け止める。
③オープンな姿勢を全身で表現する。
④いつも声をかける。
⑤ビジョンや方向性、部下への期待を常に示す。

この5つのマインドを実践すると、居心地のよいコミュニケーションの場をつくることができるようになります。

ただ、「5つ、ぜんぶやらなきゃいけないの?」と嘆きの声も聞こえてきそうです。

もちろん全部実践していただくのがベストですが、この5つは部下と接するときのマインドなので、いつも形として表れなくても大丈夫。5つを毎日ではなく、日によって意識して使い分けてもいいでしょう。

とはいえ、毎日意識することが大切で、習慣化することで、日々の行動にも変化が起きるようになるのです。

たとえば、中途社員が入社したときなどは、少し気合いを入れて、5つのマインドを意識して行動してみるのもいいかもしれません。組織に新しいメンバーが加わったときは、新メンバーはもちろん、受け入れ側のメンバーもコミュニケーションに気を遣ったり、戸惑ってしまうことがあるからです。

新しい社員を受け入れたときは

ここで、私が採用コンサルティング会社で新しい社員を受け入れた際のエピソードをお話ししましょう。

あるとき、中途採用で40代の男性社員が入社し、コールセンター部門に配属されたことがありました。Aさんとしておきましょう。

コールセンター部門といえば女性が9割の職場です。Aさんはコールセンターに配属されるだけあって、コミュニケーション能力には問題のない方でしたが、電話応対経験はほぼ未経験。業務や職場に馴染めるかの心配が少しありました。

そこで、私は「たくさん接触する」と「ビジョンや期待を示す」ことの2つを意識することにしたのです。

「たくさん接触する」については、いつもどころか1日何度も声をかけるように努めました。

「ビジョンや期待を示す」については、本人だけでなく、その方の指導役社員や業務が近い社員たちに「部門として新人に期待することを示し新人育成に協力してほしい、教えることを通して既存社員にも学びがある」ということを説明。その受け入れ体制をつくってもらうことにしました。

すると、社員みんなの協力もあり、「Aさんは少しおっちょこちょいなところがあるけれど、話がおもしろいひょうきんな人」ということが1週間も経たないうちに社内に伝わり、すぐに打ち解けることができたのです。

全員でウェルカムの場をつくる

具体的に行ったことをもう少し詳しく説明しましょう。

休憩時間や帰り際にPCを片付けるちょっとした時間も逃さず、私はAさんに次のような言葉を投げかけるようにしたのです。

「今日困ったことはなかった?」

「慣れてきた?」

また、業務とは関係のないこんな言葉かけも。

「今日は、職場の誰と会話した?」

「うちの会社に来てから、ご家族の反応は?」

「前の職場と違うこととかある?」

「週末は何するの?」

このように、話しかけながら、表情や受け答えの態度なども含めて反応をしっかりと確認したのです。

業務についての声かけは当然のことで、意識しなくても自然と出てきますが、早い段階で相手の人となりに興味を持ち、人柄を知るための質問や声かけをすることが重要なのです。

また周囲の社員たちには、新入社員を意識して見てもらい、気づいたこと（業務スキル的なこと、性格的なこと、考え方等）を共有してもらったり、各人から新入社員に用がなくても1日1回は話しかけるか自分のことを話すようにお願いしました。

この全員でウェルカムの場をつくることで、いち早くコミュニケーションの場に加わり、組織に馴染むことが可能になったのです。

あなたの場合はいかがでしょう。新入社員や異動で新たなメンバーが加わったとき、これくらいの勢いで、その人のことを気にかけて、アクションを起こしていますか？ **「大人なんだから、そこまでやらなくても……」と思ったら、リーダーとして視点が少し低いかもしれません。**

誤解がないように付け加えますが、これは仲良しになるために行っていることではありません。組織内の人間関係を円滑に育み、人材を早く即戦力化するため、ならびに帰属意識を高め、人材定着をはかることを目的とした施策です。

メンバーが居心地のよさを感じてくれる職場であることが、組織の目標達成には近道であることをリーダーは認識する必要があるのです。

第3章

部下の変化を「観察」する

——実践・快適距離感メソッド

ここから第5章までは、「快適距離感メソッド実践法」として、これまでお話ししてきたマインドを持ちながらも、部下と距離を縮めるためには、実際にどうやって行動したらいいのかという実践方法についてお伝えします。

まず、この章では「観察」がテーマです。

部下の観察というと「言われなくても、普段から部下のことをよく観察しているよ」とあなたは思うかもしれません。

では、その観察からどんな情報が得られていますか？　ただ朝のあいさつの様子を見て、「元気なさそうだな」「いつも元気だな」と感じる程度ではないでしょうか。

そこで、ここではもっと細かく、部下にアプローチする前にどういう視点で、どこを観察したらいいのか、観察からどのような情報を得たらいいのかについて考えていきましょう。

観察から、その人の人柄、今の気持ちや状態、行動特性などが把握できれば、的確にタイミングよく声をかけることができるようになります。

外見・態度から相手の様子をつかむ

物事を観察するとき、よく「鳥の目、虫の目、魚の目」という表現を用いることがあります。

わかりやすくいうと、

■鳥の目＝全体観察。
■虫の目＝細部観察・ミクロの観察眼。
■魚の目＝360度の視点や目の前で見えていないことを観察。

という意味ですが、人を観察するときも同じことがいえるので、各々順を追って解説していきましょう。

まず鳥の目とは、部下の全身の様子や雰囲気、大きな動きを観察することをいいます。観察ですから、「ただ一瞬見て終わり」ではありません。

関係性が築けている人であれば、パッと見ただけでその人のことがある程度わかる場合もありますが、まだ距離を感じる人については、頭の先から足の先までしっかりと見てください。

何が見えてきますか？　まずは部下の服装から見ていきましょう。

鳥の目観察〈外見〉はここがポイント

乱れはないか？　スーツなどカチッとした服かオフィスカジュアルか？　髪型は？　いつもと雰囲気が違うか？　等々が観察項目です。

外見は心を映す鏡です。服装や髪が整っていないときは、仕事またはプライベートで忙しい、重圧がかかっている、不安なことがある等、「何かある」サインです。

そのサインに気づいたら、心配な様子を見せながら声をかけていきましょう。また、そのような心配の発見ではなくても、声かけネタとして、服装やおしゃれについては話題にしやすいものです。

最近では「セクハラに思われたらイヤだ」ということで、このような話題を避ける人も増えましたが、要は言い方なのです。

たとえば、私が「うまいな」と思ったのはこんな言い方です。

上司：津田さん、そのグリーンの服、鮮やかな色だね。部屋が明るくなる感じがするよ。

私　：そうですかー？　ありがとうございます。でもこれ、そのへんで買ったチーププライスなんですよ。

上司：そうなんだ。津田さんは買い物上手だね。

いかがですか。あなたにぴったり、素敵だね、かわいいねなどというと、「セクハラなこと言われた」と思う部下もいるかもしれません。でも、この言い方だったら、言われた人もまわりで聞いている人も、素直に上司の心遣いを感じることができます。

ポイントは、その人自身に言及せずに、服そのものや雰囲気、環境をとらえること。

他にもたとえば、次のような声かけも、あとに続く会話が楽しくなりそうです。

■夏って感じの配色で元気が出るね。

■もこもこの暖かそうなニット、電車で暑くなかった？
■髪型変わったね。髪型変えるって勇気いらない？
■その髪の色は何色っていうの……？

鳥の目観察〈動作〉はここがポイント

出勤してきたときの歩幅や歩くスピード、会議室の準備を行う動き、外出するときの様子など、大きな動作が観察項目です。

外見は、本人が「見せたい」気持ちが観察できる機会が多いのに対し、動作は「無意識」の心情が見えることが多いという特徴があります。

心の動きと歩くなどの動作スピードは同調することが多く、感情が高揚しているときは動きが早く、落ち着いているときはゆっくりになりがちです。

ただ、高揚には2つあり、うれしいことがあった場合のプラス感情も、怒りを感じている場合のマイナス感情も、どちらも気持ちが大きく揺れている状態なので、どちらの高揚なのかは、表情なども見て総合的に判断します。

営業担当者が、大きな歩幅でがつがつ歩きながらオフィスに戻ってくる姿をみると、

「契約とれたな」とわかるのが好例として挙げられます。

逆に、上司がのそのそと足取り重く、会議から戻ってきたら、部下はどう感じるでしょうか。「会議で大変なことがあったらしい」「なんか大変なことが起こりそうだな」という変な妄想をされたり、近寄らないでおこうと思われてしまうので、気をつけてくださいね。

私が客室乗務員時代に特に意識してきたことの1つが、この「動作スピード」で、これには2つの目的がありました。

1つは、**お客様の動作のスピードを観察して、そのスピードに合わせてサービスをすることで、お客様に「心地よい」と感じていただくため**です。相手のペースに合わせることで、自分から相手の領域に入っていくという、まさに距離を縮めている状態をつくり出すわけです。

もう1つは、**動作スピードで相手から見える印象を変えるため**です。機内サービスでは、飛行機後方にお座りのお客様は、前方の方に比べて、どうしてもお食事や飲み物の提供をお待たせしてしまうことになります。そんなとき、丁寧にゆっくりとした動作で食事や飲み物をお配りしていたら、お客様はどう感じるか。「動作がのろい!」「そんなに丁寧にやらなくていいから、早くしてくれ」と思う人も少なくないはず。

そこで、「丁寧さは失わずにてきぱきと動く」「トレイを置く瞬間だけゆっくり、あとは素早く」など、お客様からどう見えるかということを意識して行動します。時間がかかってしまうのは物理的に仕方がないにせよ、心理的なお待たせ感は感じさせないことで、お客様との距離を遠ざけないようにしたわけです。

これは一般企業の社内にも同じことがいえます。前述したのそのそと会議から戻ってくる例も、このようなことを意識するだけで行動が変わります。

たとえば、部下に変な心配や想像をされないようにスタスタと歩き、大きな声で「戻りました」と伝えてみてはどうでしょう。部下から「会議お疲れ様でした」「お帰りなさい」と声をかけてもらえるはずです。

鳥の目観察〈表情〉はここがポイント

その人が「今どのような感情を持っているか」を知るには、表情を見るのが最適。とてもわかりやすく読み取ることができます。

あなたも普段部下の表情はよく見て、「困った様子はないか」と気を配ってはいませんか。

そうはいうものの、テレワークやオンラインでの会議の場では、全身の雰囲気や動作は観察しづらく、感情を読み取ることができない場合も多いので、そういうときは画面に映った表情で、まず部下の心情をとらえてください。

ただし、見えるとはいえ、やはり画面越しでは表情の細かい動きはどうしても見づらくなることがあります。

そこで、たとえば会議の場合などは、初めにパッと見て「よし、いつも通り」と判断するだけでなく、発言するときの表情、他の人の話を聞いているときの表情など、さまざまな場面で何度も表情を確認するようにしてください。

発言者に視線を集中するのではなく、広く画面を見て、参加者の表情を何度も見渡す——その視点が、部下からのサインを逃さずにキャッチできるのです。

これはオンラインでない、対面の会議でも同じです。スライドや発言者だけを見つめずに、会議の場全体を見て、全員の顔をよく見渡してみてください。参加者の様子を把握し、気になることがあれば、すぐに声をかけましょう。

虫の目（細部観察）はここがポイント

部下の全身の動きや様子を網羅的にとらえたあとは、次に虫の目で細かい所作やふるまい、行動や表情の変化などを観察します。

ここでの**観察ポイントは「変化を見逃さない」こと。**全体観察で見える明らかな違いや変化は、同じ職場であれば、誰もがわかることかもしれません。しかし、ちょっとした表情の変化や仕事に取り組む姿勢の違いなどは、近くで毎日見ている上司だからこそわかることです。

ここを本人から申告されるよりも先に気づき、声をかけることができれば、あなたへの信頼度は爆上がり間違いなしです。

私が採用コンサルティング会社で課長職にあったときのことです。遅番専門として入社したスタッフが、入社3カ月ほどたった頃、様子に変化が表れました。

ぱっと見は変わらず担当の仕事はきちんとこなしていましたが、仕事の合間に見せる表情や取り組む姿勢に、疲れた感じじゃやる気のなさを感じるようになったのです。

たとえば、時々集中力を欠いた、ぼーっとした表情をしたり、以前見られた「ここは○○したほうがいいんじゃないですか」「お客様から△△というご意見があったので▽▽したいんですが」という主体的に業務に臨む姿勢がなくなったのです。

そこで2人で話をする時間を設けたところ、やはり「実は……」ということが出てきました。

「お子さんが学校でうまくいっていない」という悩みを抱えていて、当社に入社し遅番が続いたことで、夜、お子さんと話す時間が減り、さらに学校生活がうまくいかなくなったらしいのです。

「遅番専門として入社したから、今さら早番に変えてもらうことはできない……。せっかく入社したけれど辞めるしかないのか……。でも次の仕事が見つかるかわからないし……」

などなど、お子さんのこと以外でも、いろいろ悩みが増えてしまった状況を話してくれました。

悩みを正直に話してくれれば、あとはどうやって解決していくかを考えるだけ。この場合はシフトを変えることになるので、2人でというよりも、職場の人をみんな巻き込み協力を得て、解決していきました。

このケースの場合、先に気づいて声をかけたので、退社は回避できましたが、もしこれに気づかずにいたら、思いつめた様子で本人から「辞めたいんです」と申告されてしまっていたでしょう。

魚の目（３６０度観察）はここがポイント

魚のように、前を見つつ横も見えて、後ろの気配も察するという幅広い視野を持つと、当然見えるもの、感じる情報量も増えてきます。

３６０度の視点で、五感を使っていつも敏感に察知できることがベストですが、テレワークなどは、３６０度どころか平面の画面でしか相手が見られないこともあります。

そのようなときは、「部下・相手を多角的に見る、とらえる」という意識を持つといいでしょう。

自分の目や立場で見えることは、一側面でしかありません。特に部下は、上司に対しては良く見せようとしたり、「きちんとしなくては……」と気負って接してくることがしばしばあります。本当は自信がないけどできるふうを装って報告してくることもあるでしょう。

特に報告に違和感を覚えたときは、他の視点を加えて確認することをおすすめします。

たとえば、クライアント先に訪問した件についての報告を受けたときは、「具体的にお客様はなんと言っていた？」「お客様が前向きに検討してくださると思ったのは、どういう点を見てそう思ったの？」「同行していた○○さんはなんと言っている？」と**本人の発言以外にも客観的なデータを得る**のです。

同行者がいる場合は、その方からも別で報告をもらうとさらに視点が増えます。

人事制度で、社員を360度評価している会社があります。上司からの評価以外に、一緒に働く同僚や部下複数名から働きぶりや成果についてコメントや評価をもらい、総合的に人事評価をする、というものです。まさに「魚の目」での観察です。

どこから見ても素晴らしい人でなければいけない、ということではありません。「この人はこういう側面がある」「意外にこういうところもあったんだ」「この部分は少し意識が薄いかも」といった、**その人の良い面と課題を広く見つけ、能力開発につなげることを目的にしています。**

ここでいう「魚の目」もまさに、**「この人はこういう人」と決めつけたり、「いつもこうでしょ」と自分目線で視点を固定しないということ。**自分1人であっても、複数名で行うような幅広い視点で相手を見ることが大切なのです。

声から相手の様子をつかむ

外見と同じくらい重要な観察ポイントが〝声〟です。「声を観察する」というのは正しい表現でないかもしれません。「声から察する」というほうがわかりやすいでしょうか。

ここでは、話している「内容」ではなく、音として聞こえている「声」から相手の様子をつかむ情報を得ていきます。

声の大きさ、トーンに敏感になる

声の大きさとトーンはそのときの心情をとてもわかりやすく表します。気分が落ち込んでいるときに、表情はなんとか普通に取り繕っていても、声のトーンで落ち込みが明らかにわかる、ということはよくあります。

その意味で、あなたにとっては、**部下の声・トーンは、部下の状態がとてもよくわかるバロメーター**といっていいでしょう。

加えて、**声の大きさは「いつもの大きさとの差異」がポイント**となります。もともと声が大きめ、小さめというのはそれぞれあります。

そのため、普段声の大きい人がボソボソと小声で話していたら、「あれ？　何かあったかな」と心配になるだろうし、普段声の小さい人が急に大きな声で報告に来たら「順調にいっているのかな」と想像ができます。この「差異」「変化を見る」というところがミソなので、普段から声が小さいからといって、「やる気がないな」というような乱暴な見方は避けてください。

声のトーンというのは、感情が反映されやすい部分です。言葉全体のトーン（高さ）が明るい・暗い、語尾が上がる・下がる、またスピード感などで、感情を推し量ることができ、そこから「覇気がある・ない」「前向き・受け身」「楽しい・興味がない」などが感覚的に感じ取れます。

そのことを念頭に置いて、部下と話をしていて、声のトーンから何か感じたときには、素直に感じたことを返してみましょう。

「なんかいいことありました、っていう声してるよ」「この業務、もしかしてあまり乗り気でない？」等々。

もしかして○○？　私にはこんなふうに聞こえてきたけどどう？　という感じです。

返事に敏感になる

あなたは部下に指示を出したとき、部下がどのように返事をするかを、どれだけ神経を使って聞いているでしょうか？

「答えはＹｅｓに決まっているから、別に返事を聞いても聞かなくても同じ」などと思っていませんか。

あまり自分から話をしない部下でも、誰でも「返事」はしますよね。名前を呼ばれたら「はい」、指示を出したときも「はい、わかりました」、確認したときも「はい、そのつもりです」等々。

誰でも必ず、そして頻繁に行うからこそ、「返事」を聞くこと、そしてそれを観察することは大事なのです。それは、**私たちは、返事に無意識に気持ちをこめているから**です。

まさか職場で「はいはい」「はーい」とぞんざいな返事をする人はいないと思いますが、家庭ではみなさん、このような感情丸出しの返事をしているのではないでしょうか。

それほど、短い返事の中には、相手や言われたことに対する感情が入るものなのです。

当然職場では、「はいはい」という言い方は慎みますが、そこにある気持ちは同じように含まれていると考えてください。「はい、わかりました」をはきはきと勢いよく言っているのか、語尾が聞き取れない大きさで言っているのか、語気が強く、言葉の裏に「やればいいんでしょ」という気持ちが垣間見られる感じなのか、声のトーンや言い方を注意して聞くと、部下の気持ちがありありと聞こえてきます。

私がチーフパーサーでフライトをしているとき、この短い返事から後輩たちの気持ちや状態を察するということをよく活用していました。

限られたフライト時間と環境の中で、満席のときなどコミュニケーションをはかる時間も最短にしたいというようなときがそう。指示を出したメンバーたちの「はい、了解です」のひと言から感じる「任せてください、大丈夫です」という気持ちを感じると、安心して仕事を任せることができました。

逆に、「はい」と言いながらも、「うわぁ今日は大変ですね」「不安だな、間に合うかな」というような気持ちが感じられる返事には、丁寧に「不安なところはある？」と聞いたり、「トラブルがあったらすぐに教えて」とひと言添えるようにします。すると、不安そうにしていた返事が、「わかりました！」と落ち着いた返事に変わるのです。

忙しいときは、部下も状況がわかっているので、たとえ不安があっても、「あのー、確認してもいいですか?」と切り出しにくいものです。そんなときに間違っても、「この忙しいときに何⁉」という言動をとってはなりません。

それよりも、**少し先回りをして相手の気持ちを察して声をかける。これが部下の安心感とやる気を引き出すことにつながっていく**のです。

部下同士のコミュニケーションを観察する

「部下同士、誰と誰の仲がいい。気が合うようだ」

「○○さんと△△さんは話しているところを見たことがない。あのチームは連携がうまくとれているのだろうか」

このように、部下の間でのつながりやコミュニケーションの頻度について、あなたはどれくらい把握できていますか?

「仕事がちゃんと回っていれば、気が合う・合わないなど関係ない」という声も聞こえてきそうですが、それは思い違いもいいところ。**部下同士のつながりやコミュニケーションを知っておくと、仕事がより速く回る、部下がストレスなく仕事ができる、などの利点が**

あるのです。

そのためにも、リーダーは部下の人柄やコミュニケーションの様子などについても知っておく必要があります。リーダーの義務といってもいいでしょう。

最近はチームやプロジェクトを組む際に、社員のソーシャルスタイルや性格的特性などをさまざまな診断ツールを使って調べたうえで編成する、という会社も多くなっています。社員一人ひとりが自律的に動くために、社員の個性や相性を理解することは、もはやあたりまえのことなのです。

部下の社内での様子を観察する

まず、部下の社内での様子をよく観察しましょう。この章の初めにある「鳥の目、虫の目、魚の目」を活用してみてください。

- Aさんと Bさんは年次が離れているけれど、よく話している。
- Cさんのまわりは、いつも楽しそうに盛り上がっている雰囲気がある。
- Dさんは後輩からよく相談を受けているようだ。

■Eさんと Fさんは阿吽《あうん》の呼吸で会話をしている。

逆に、

■Aさんは Eさんの指示の言葉に「はい」しか返事をしない。
■Cさんのまわりにはいつも人が多いけれど、Fさんは見かけない。
■Dさんは後輩とはよく話をしているけれど、先輩とは話をしていない。
■Hさんはほぼ黙っている。

など。

毎日意識して観察していると、このように細かい様子がだんだんとわかってきます。ただなんとなく見ているだけでは、目立つ情報しか入ってこないので、**個人とそのつながりを見ることを意識して観察してみてください。**

私がＡＮＡに入社してまだ2年のとき、この「相性と組み合わせ」を考慮した役割分担をされ、今でも印象に残っているチーフパーサーのセリフがあります。

チーフパーサーは、13～15名の客室乗務員を、フライト前の打ち合わせ直前に担当を割り振るのですが、その日は班フライトで、メンバーのことをよく知っているグループリーダーがチーフパーサーでした。

そして、そのチーフパーサーに「今日の2階席はAさんと津田さんペアに任せるわ。この前のフライトのときビジネスクラスでいいコンビネーションでサービスしていたから、あの感じでお願いね」と言われたのです。

Aさんは私の4年先輩で、入社以来いろいろ教わることが多かったためか、仕事のやり方や性格が似ていて、先輩でしたがなんでも話しやすく仕事がしやすいと思う方でした。外から見てそういうこともわかるんだなあと、そのときはグループリーダーの洞察力にとても驚いたし、「2人に任せる」「いいコンビだった」というフレーズがとてもうれしく感じました。

このような経験もあり、私がリーダーになったときには、普段の様子をよく見て、役割分担やチーム編成に活かすということを心がけました。業務スキルや能力面ももちろん考慮しますが、**〝相性の良し悪し〟は仕事の生産性に同じくらい大事であるといってもいい**

と思うのです。

部下同士のコミュニケーションについてヒアリングする

部下同士のコミュニケーションを深く知るためにはヒアリングも重要になってきます。ヒアリングというのは、直接部下に「○○の仕事をするときに、△△さんにとって一番組みやすい人って誰？」と聞いてみることをいいます。「それはどうして？　具体的にどんなことからそう感じるの？」と理由もあわせてです。

なぜこんなことを聞くかというと、「仕事がやりやすい人、気の合う人との組み合わせを考えて、生産性を上げる、成果を出しやすくする」ことを目的としています。

そこで、ヒアリングの際には、部下にもこの目的をきちんと伝えるようにしましょう。単純に「この人が好き・嫌い」「よく飲みに行く」ではなく、仕事の考え方が合う、姿勢が似ている、などの観点で考えてもらうようにするのです。

そう思った理由を具体的な事例で聞くことで、上司から見えていない、部下同士のやりとりを知ることもできます。

この**「直接聞く」ということは意外に盲点のようで、リーダー研修でこの取り組みを紹介すると、「えっ、そんなこと聞いてもいいんですか」「個人名を出すと悪口みたいにならないですか」という戸惑いの声が上がることがあります。**

そんなとき、「生産性を上げて成果を出しやすくするため」と、このヒアリングの目的をもう一度伝えます。ここに立ち返れば、聞きにくいどころか、聞かずにはいられない、という気持ちになります。

さらに、「楽しく仕事をする環境」も手に入る可能性大ですから、やらない手はありませんよね。

では、以下にヒアリングの例を紹介しましょう。

上司：Aさん、ちょっと聞いてもいい？
A　：何ですか？
上司：いつもAさんにはフォローしてもらって助かってる、ありがとう。で、Aさんの今の業務の中で、この人は一緒に仕事がしやすい、テンポよく仕事が進むと感じる人っている？　もっとこの人と関わる仕事がしたいとか……。なぜこんなことを聞くかというと、気の合う人や仕事がやりやすいと感じる人と組めば、みんなもっと仕事がやりやすく生産性を上げることができるんじゃないかと思って、みんなに聞いているんだ。

A：そうなんですね、わかりました。そうですねー、私にとっては〇〇さんがなんか波長が合うというか、仕事の進め方が近いというか、スムーズに感じることが多いですね。あと、△△さんもやりやすいと感じますが、それは△△さんは私と考え方が違う部分が多くて、それがいい感じに補完し合ってるからだと思います。

上司：なるほど。自分に近い〇〇さんと真逆の△△さん、双方にやりやすさを感じるっておもしろいね。たとえば〇〇さんとは、どんな状況のときに仕事の進め方が近いと感じたの？

このような感じで聞いていきます。ただ、部下にとってプラスの人についてのヒアリングをしているにもかかわらず、時々、「△△さん、どうにかしてくださいよー」と他の部下の指摘や悪口をついでに言ってくる人もいます。

もちろん、その部下が日頃困っている、悩んでいることなので、意見はきちんと聞かなければなりませんが、このヒアリングの場で集めるべき情報は、あくまでも「気が合う、仕事が進めやすい人」なので、混乱しないように注意しましょう。

観察というと「黙って見る」「陰から見る」だけに思われがちですが、黙って見たことを確認するため、確信するため、足りない情報を補完するために、聞くという行為はとても重要になってくるのです。

仕事ぶりを3段階で観察する

ヒアリングの次は部下の仕事ぶりを観察することです。

これは、上司としてみなさん、一番自信を持って「やっている」と言えるのではないでしょうか。「部下の仕事ぶりを見ないことには、上司の仕事は始まらない」と言ってもいいほど、これは部下を持つ上司にとってはあたりまえのことですよね。

では、この部下の仕事ぶりを見るということについて、ここではもう少し詳細に考えてみましょう。

部下のどういうところを見て、仕事ぶりを判断しているか？　仕事ぶりってそもそも何か？　それについて一緒に考えていきましょう。

ギリギリに駆け込んでくる部下がいたら、あなたならどうする？

まず、**仕事に入る前段階である仕事に向かう姿勢、そして仕事に取り組んでいるときの様子、最後に仕事の成果を追求する姿勢の3段階をチェックすること**から始めてください。姿勢といっても難しく考える必要はありません。それぞれの段階で「どういう意識を持って行動しているか」を観察・察知すればいいのです。

たとえば、あなたの部下は、どのような様子で朝出勤してくるでしょうか？　ギリギリに駆け込んできますか？　就業時間までデスクで新聞を読んでいますか？　今日のスケジュールを確認したりしていますか？

ギリギリに駆け込んできた部下がいたとしたら、労務管理的には問題はありませんが、仕事に向かう姿勢はどうでしょうか。こんなとき、あなたはどうしていますか？

①言いたいことはあるけれど遅刻はしていないからと見て見ぬふり。

②もう少し早く来たらどうかと指導する。
③その他。

いかがでしょうか。ひと昔前の上司なら②、最近の上司は①が多いのではないかと思いますが、私は③をおすすめします。

では、その他の対応とは何か。見て見ぬふりなど寂しいことをせずに、ぜひ部下に一歩近づいて声をかけてください。

「ごめん、ギリギリすぎて、こっちがドキドキしちゃうよ」

このようなスタンスです。

よくあるのが、周囲からはこう見えているが、本人はそんなつもりは一切なく、認識のズレが起こっていることです。

このケースでも、本人は単純に始業に間に合えばいい、やる気と出勤時間に関係性はないと考えているため、まわりから出勤時間がギリギリだからやる気がない、と思われてびっくりした、ということが起こります。

ズレの原因をお互いに認識する

このような場合は、ズレを「世代の違い」「考え方の違い」と放置するのではなく、部下と丁寧に話をして、その原因をお互いに認識することが大切です。

たとえば、次のように……。

上司：Aさん、今日もギリギリセーフの出勤だね

A　：いやー焦りました。間に合って良かったです。

上司：出勤時間という点では間に合っているけれど、すぐに仕事にとりかかれるか心配しちゃうよ。

A　：大丈夫です。PC立ち上がったらすぐに。

上司：そうか。それならいいんだけど。でも一つ意識してほしいことがあって、いつも駆け込んでくるAさんを見て、一緒に仕事をする私たちは、「Aさんは今来たばかりだから、今日の段取りを確認したいけど、もう少ししてからのほうがいいかな」と思ってしまうこともあるんだ。これってAさんにとって損じゃない？

A　：いや、朝イチでも大丈夫ですよ。変な気を遣っていただかなくても……。

上司：わかった。じゃあ朝イチからどんどん声かけるね。せっかく仕事がんばっているAさんにはもっと活躍してほしいと思ってるから。

価値観や観点が違う人とわかり合うためには、直接的に差異の部分を指摘しない

このように、あなたにとって損、仕事以外のところで評価を無駄に下げている、もったいない……と話を進めていくのです。

決して、「あと5分早く来たら？」「遅いよ」と考え方の違いの部分を直接的に否定しないように。そこを直球で責めてしまうと、「年も違うし、考え方が合わないな」と部下はあなたから遠ざかっていってしまいます。

私が普段授業をしている大学でも、授業中の私語の問題は多くの先生方から出る話題ですが、そこも同じことが言えます。

「そこうるさいよ、静かにして」は一瞬静まりますが、こちらの意図は理解してもらえないので、恒久的な効果はなし。

「私語をしている人は授業点下げます」は、力で押さえつけているだけなので、その場は静かになっても、反発から信頼を失うだけ。

今一番効果があるのは、「私語の声がうるさいと、授業を聞きたい人が聞けなくなるから控えて」です。

価値観や観点が違う人とわかり合うときに、直接的にその価値観の差異の部分を指摘せずに、その人の考えや気持ちを理解しようとする姿勢を見せることが、相手との距離を縮めるポイントです。

業務の進捗状況は、どう観察する？

次に業務の進捗状況の観察について。これは上司も「常に把握したい」、部下も「常に報告しなくては……」と普段から両者のニーズが合致するポイントなので、取り立てて「観察」を意識しなくてもできそうです。

そこで、ここでは、「観察」を意識するというよりも、観察から得た情報で、部下にタイミングよく近づくことを意識してみてください。

常に把握していることであれば、声かけのタイミングも多くあります。

予定通り順調に進んでいるようであれば、「調子よさそうだね」「うまくいっている様子を、次の会議でみんなに報告してよ」といったように、肯定する言葉をしっかりと伝えるようにする。

もし予定通り進んでいない状況であれば、状況の確認やフォローで会話は自然と増えます。その場合、「なんで遅れているのか」と責めるのではなく、スケジュール通りに戻すにはどうしたらいいのか、遅れないためにはどこを変えればいいのか、という問題の解決について一緒に考え、伴走するようにしましょう。

一緒に課題を乗り越えた経験が、部下との距離を縮めることにつながります。

また、**業務の進捗という話題は、すべての部下に対して声をかけやすい内容です。雑談などにあまり反応しない部下や、プライベートの話題が苦手な部下に対しても、最も話題にしやすいため、この進捗状況の話を切り口に、困っていることはないか、最近気になっていること、職場のことなど、話題を広げていくといい**でしょう。

月に一度しか顔を合わせない社員にどのように近づいたか？

採用コンサルティングの会社で、毎日稼働のコールセンター部門に週末だけ勤務するアルバイトスタッフとうまくコミュニケーションがはかれなかったときにこの方法を活用したことがあります。

私は管理者でしたが、基本的に平日勤務、そのスタッフは週末勤務とほぼ顔を合わせることがありませんでした。たまに私が土曜日に出社した際、本当に1カ月に1回程度会うだけ。人間関係を築くにしても、月に1回会うだけだと、なかなか親密になれず、そもそも話題も見つからないと思っていました。

そこで、ひらめいたのが、プライベートの話題ではなく、仕事の話題を切り出すことでした。**関係性が薄い場合は、仕事の話のほうがしやすいから**です。

私と会わないときにどんな仕事を担当して、どうだったか？　〇〇の業務はやったことがあるか？　最近仕事で気がついたことは何か？　このように、まずは業務に関する質問や考えを聞くことに集中することにしたのです。

すると、3回目に会ったときには、もうすっかりプライベートの話もするような、お互いをよく理解できている距離に近づくことができました。

たとえ月に1回しか会わないとしても、同じ職場で仕事がつながっている――そう認識することで、自分の中で勝手に感じている「月に1回しか会わない」という距離感を縮め

ることができたのです。

さらに無理をせずに、お互いの共通の話題から、少しずつ距離を縮めていく、これがうまくいった秘訣だと思います。

一匹狼タイプの部下への関わり方

先ほどの「部下同士のコミュニケーションを観察する」ところで、部下同士のコミュニケーションの量や質について観察する話をしました。

しかし、担当業務制が進んでいる企業では、業務の分業化が進み、自分の持ち分をきちんとこなしていれば、同僚と日々話さなくても、業務は円滑に回る、同僚とのコミュニケーションは基本いらない、という職場もあるでしょう。

そのような職場でも、同僚との日々のコミュニケーションの重要性を考えて、自ら周囲に話しかけたり、人の仕事を手伝うなどの行動がとれるコミュニケーション力の高い部下はいます。おそらく、そのような部下は、上司のあなたにも近づいてきてくれ、あなたが距離感を気にする必要はない人です。

しかし、その逆の部下もいます。誰とも話さなくても自分の業務をやればいいから、よけいなことは話さない、自分の業務が終わったらさっさと帰る……このように周囲と関わろうとしない部下です。職場では一匹狼風な存在かもしれません。

このような一匹狼社員は、注意して観察するとよいでしょう。一匹狼社員は、あなただけでなく、職場のすべての人と「距離がある」といえます。そして厄介なのは、一匹狼社員自身は、距離感に居心地の悪さを感じずに、むしろ「距離があったほうがいい」と考えている人が多いのです。

では、このような一匹狼タイプにはどのように接し、近づいたらいいのか。再び、私の事例をお話ししましょう。

私の部下に、長年契約社員でいた部下がいました。何度も正社員への転換をすすめましたが、「このままがいい」と首を縦に振らずじまい。それは、他にも仕事を持っていて、人間関係を築くことに価値を感じていませんでした。

そのため、「まわりとあまり関わりたくない」「自分の担当業務だけやってさっさと帰りたい」という意識が強く、一匹狼状態だったのです。

そこで私は、その方の業務範囲を少し変更し、1人で完結する業務を減らし、ほぼ複数名で行う仕事だけにしました。

また、業務を変更したという理由をつけて、毎月面談を実施し、その中で会話を増やし、親交を深めていきました。当然面談の中で、いいところはどんどんほめますが、一匹狼は人との関わりだけでなく、ほめられることにも慣れていません。根拠を示しつつ、1つずつ丁寧に実績をほめていくことを心がけました。

このような日々の地道な行動が功を奏したのでしょう。そのうち、向こうから私に話しかけてくれることが増え、プロジェクトを安心して任せられる人材に成長したのです。


さて、この章では「快適距離感メソッド実践法」として、部下との距離を縮めるためには「観察力」が大切になってくるので、それを養うためのノウハウについてお伝えしました。改善するべき点が見えましたでしょうか。

しかし、部下との距離を縮めるためには、それだけでは不十分。観察で得た情報をもとに、部下の気持ちや様子を〝想像〟していきます。

第4章では、そのことについて述べていきたいと思います。

第4章

部下の内面を「想像」する

――実践・快適距離感メソッド

この章は「想像」がテーマです。ただ、いきなり想像力をつけるとかではなく、部下の様子をしっかりと観察したあとは、「観察」で得た情報をもとに、部下の気持ちや状況を「想像」していくことが大切です。

そういう意味では、前章の「観察」が十分にできていないと、想像力が発揮できなかったり、間違った想像をしてしまう可能性もあるので注意してください。

あなたにお尋ねしますが、「部下の気持ちなんてどうせわからん！」「世代が違うから、わからなくても仕方ない」「仕事なんだから、気持ちとか関係ない」と思っていませんか？

実はそこが問題なのです。**「わかろうとしない」「関係ない」というその気持ちが、部下との距離を広げている**ことにまず気づいてほしいのです。

もちろん他人の気持ちは、最終的にはすべてを理解することはできません。有名な「ジョハリの窓」の教えでも言われているように、人は、本人ですら気づいていない、まだ知らない自分というものを持っているくらいですから。

だからこそ、わかろうとすること、理解しようと行動を起こすことが大切なのです。

一緒に働く仲間として、仕事のパフォーマンスを最大最短で出すために、上司として部下の気持ちを「想像」してほしいのです。

では具体的にみていきましょう。

相手の気持ち・状況を〝広く〟想像する

まず、朝のあいさつで遠目で見た全体的な様子、打ち合わせのときの表情と受け答えの声、デスクで作業しているときの姿勢など、観察で得た情報を重ね合わせて、この部下がどんな気持ちでいるか、どういう状況を抱えているかを想像することから始めてください。

初めに、ざっくりと気持ちと状況についてプラス（＋）か（－）かを判断します（図1）。部下を取り巻くすべての状況とその気持ちを考えるので、仕事のことだけでなくプライベートも含みます。

たとえば、次のようにです。

- 笑顔は見せているけれど、打ち合わせでほとんどしゃべっていなかった（＋－）
- 打ち合わせが終わって、足早に立ち去っていた（－－）
- 子どもの保育園の送りに時間がかかって焦ったと、笑って話していた（－＋）

図1　**部下の状況と気持ちをはかるマトリクス**

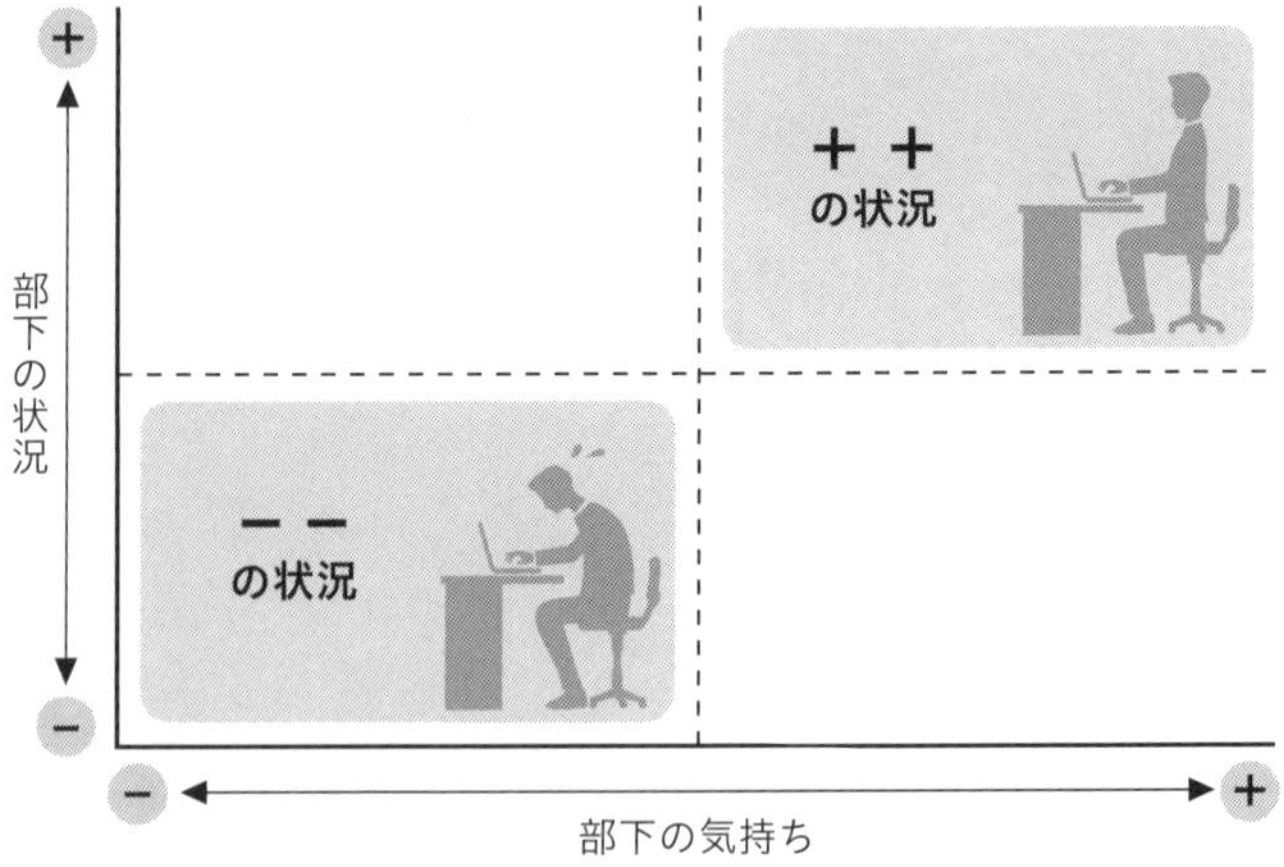

■デスクがいつもに増してごちゃごちゃしている、言葉も少ない（－－）

■おはようの声が元気なかった気がしたけど、その後はいつも通りかな（－＋）

このとき、＋（プラス）も－（マイナス）も、その理由をできるだけ的確に想像することが大事です。

仕事面においては、上司であるあなたが業務内容・量・状況などを十分理解しているはずなので、想像しやすいと思います。しかし、プライベートのことについては、普段からどれだけ会話ができているかによって、想像できる範囲・量に差が出るかもしれません。

相手の立場で考える

「相手の立場で考えるってあたりまえでしょ」と、あなたは思うかもしれませんが、意外にできていないのがこれです。

あなたも部下に対して、**無意識に「上司」「会社側の人間」の立場で考えている**のではないでしょうか。そうなって当然です。なぜなら、あなたは上司であり、会社を管理する立場の人だからです。

そのため、部下の気持ちを想像して考えたいときには、「意識して、部下の立場に立つ」必要があります。何も意識しないと、自然と「上司の立場」で考えてしまうからです。

たとえば、前述した例にある「おはようの声が元気なかった気がしたけど、その後はいつも通りかな」という観察結果のときがそう。

上司の立場で無意識に考えれば、こう思うのではないでしょうか。

「ちょっと元気がない様子だな。客先にちゃんと行けるかな。でも今さらキャンセルもできないし……。少しくらい調子悪くてもなんとか行ってもらおう」

これは「会社の都合が優先」という発想ですね。

問題なのは、この想像のまま声をかけるとどうなるかです。

「今日、○○さんへの訪問、大丈夫だよね？」と大丈夫前提の声かけをすると、それを聞いた部下は体調がどうであろうと「はい大丈夫です」と答えるしかなくなります。

これに対し、部下の立場に立って考えてみると、「身体の調子が良くないけど、客先訪問もあるし、具合が悪いと言えないのかもしれない。アポを代われるのは上司の私しかいないし、余計に言いだせないかもしれない」と想像ができます。

この想像からは、次のような声かけが考えられます。

「なんだか体調があまり良くないように見えるけど、どうかした？　もし調子悪いようなら無理せずに休んでね」

さらに、こんな言葉を付け加えることができたらどうでしょう。部下は安心して状況を話せるのではないでしょうか。

「アポ変えても、代わりに私が行っても、どちらでも大丈夫だからね」

広く妄想する視点を持つ

次は「おはようの声が元気なかった気がしたけど、その後はいつも通りかな」という観察結果を使って説明していきましょう。

先の想像例では、「身体の調子が良くないかもしれない」とだけ想像しました。さらに視点を横に広げて想像してみるとどうなるか？

- 今日のアポ、気が進まないのかな。
- 客先で何か問題でもあったか。
- 仕事のことで何か悩みや困ったことがあるのか。
- 家族で問題が起こったかな。

このように、想像の幅がどんどん広がっていきます。

どれが真実なのかは、もちろん本人に聞いてみないとわかりません。大事なのはこのように**想像を「広げて」おくこと、決めつけないこと**なのです。

想像の選択肢をたくさん持っていれば、部下から「実は……」と言われたときに、驚くことなく「これだったか」と冷静に受け止めることができます。あなたから声をかけるときも、「具合悪いの？」と決めつけたような聞き方をして、部下の反発を招くこともありません。

私がＡＮＡでグループリーダーをしていたとき、いつも明るいキャラクターの班員が、元気のない様子で仕事をしていたことがありました。

初めは「どうしたんだろう……」。具合でも悪いのかな……」と思いしばらく観察していました。すると、フライトは体力も使う重労働なのですが、食事サービスなどもてきぱきと一生懸命にこなしていて、これは体調の問題ではない、ということがまずわかりました。

そこで次に、何か仕事かプライベートで悩みや問題があるに違いないと考え、「どうしたの？　なんかいつもの元気がないよ」と声をかけてみました。

すると、前のフライトで、他の班の先輩に「作業手順が悪いから、もっと考えて行動するように」と注意され落ち込んだというのです。

「だから、今日はそこを気をつけていたけれど、これでいいのかと思いながら仕事をしている……」というのです。

それを聞いた私は、「表情は元気がないけれど、一生懸命に仕事をしていた理由がこれでわかった」と合点がいきました。

そのあとは、他の班の先輩から注意されたことを詳しく聞いて、彼女の普段の仕事ぶりから私が感じていることなどを伝えると、元気を取り戻してくれました。

もしこれが、「どうしたの？　体調悪いの？」と声をかけていたら、すぐさま「大丈夫です」と返ってきて、本当のことが何もわからないままになっていたかもしれません。

想像の範囲を広げる大切さが、これでおわかりいただけたのではないでしょうか。

相手の気持ちは想像しつくせない

ここで少し矛盾することを言います。ここまで、相手の立場に立って、広い視点で部下の気持ちや状況を想像することの大切さを述べてきました。

しかし、あなたもおわかりのように、本人ではない以上、部下の気持ちを100％想像し、知り尽くすことはできません。どんなに洞察力のある上司でも、部下の信頼が厚い上司であったとしてもです。

ただ、想像には限界があることを理解すれば、部下との対話がいかに重要かもまた理解いただけるのではないかと思います。

観察や想像から、「私にはこう見えるけど、実際はどうなの？」という気持ちで、素直に問いかける――そんな上司には、きっと部下も素直に状況・自分の本音を話してくれるはずです。

仮説を立て、部下へアプローチする

想像を構造的に深めていくと、仮説が立ちます。少し大げさかもしれませんが、「元気ない→体調が悪いかも」と単純に判断できない場合は、いくつか仮説を立ててみると、部下に適切にアプローチできます。

セールスパーソンがお客様との商談の席で、お客様の言動から仮説を立てて、相手のニーズに合わせてセールスするのと基本的に同じです。

みなさん、相手が部下になった途端に、相手へのアプローチが雑になっていませんか？

仮説はたくさんあっていい

仮説はたくさんあったほうが、部下の気持ちに近づける可能性が高まります。1つ仮説

図2 **「おはようの声が元気がなかった気がした」場合の仮説の立て方**

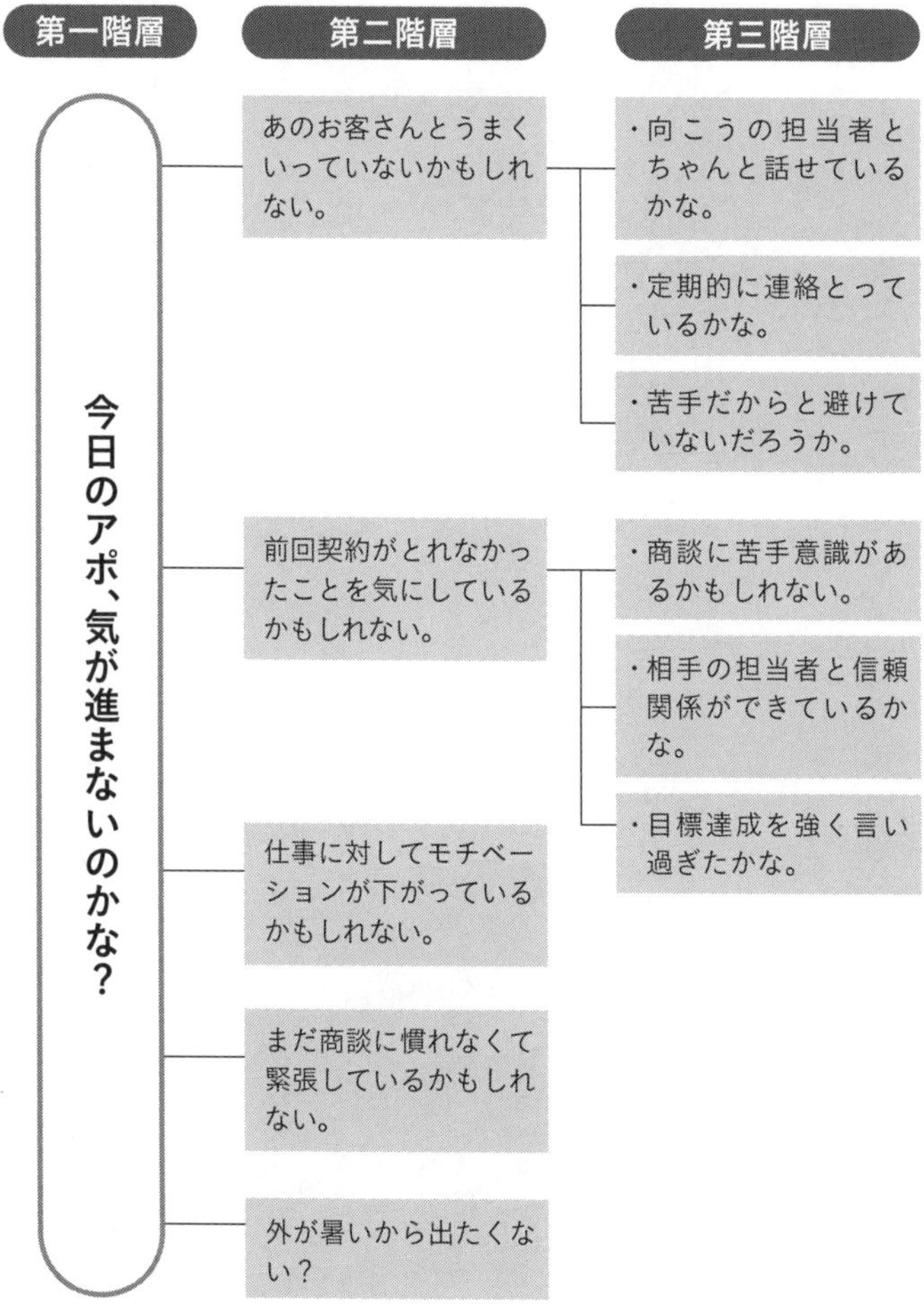
第一階層
第二階層
第三階層
今日のアポ、気が進まないのかな？
あのお客さんとうまくいっていないかもしれない。
・向こうの担当者とちゃんと話せているかな。
・定期的に連絡とっているかな。
・苦手だからと避けていないだろうか。
前回契約がとれなかったことを気にしているかもしれない。
・商談に苦手意識があるかもしれない。
・相手の担当者と信頼関係ができているかな。
・目標達成を強く言い過ぎたかな。
仕事に対してモチベーションが下がっているかもしれない。
まだ商談に慣れなくて緊張しているかもしれない。
外が暑いから出たくない？

を立てて、「こう思っているに違いない」ではなく、「こうかもしれない」「これでなければこれかも……」と思考を縦横に広げて、想像を張り巡らせるようにするのです。

先ほど、「おはようの声が元気なかった気がした」という観察のあとの想像を広げましたが、ここではさらに仮説を展開してみましょう（図2）。

ここでは第三階層の一部までを例として示しましたが、このように「階層内で横に広げる→次の階層に深めて細分化していく」という縦横展開をしていくと、仮説を増やしていくことができます。

その場合、初めは量です。部下との距離が近くなり、部下の気持ちがわかるようになったら、量は少なくても大丈夫ですが、まだ部下との距離が遠いあなたは、まずは量を出すことを意識してください。

そして、これら**たくさんの仮説を持ったうえで部下にアプローチしていけば、必ず「そこか！」という問題の核心に触れる**ことができます。

「観察→想像→仮説→アプローチ」のループを回す

仮説をもとに、部下へのアプローチ方法を決定していきますが、ここでのポイントは

「観察→想像→仮説→アプローチのループを止めない」ということです。仮説を幅広く立てたとしても、一度で部下の気持ちにぴったりと寄り添えない場合もあります。そのようなときは、観察や想像に戻って、もう一度仮説を立て直して再アプローチです。

また人の感情や考えは常に動いていますから、こちらでいろいろ思案しているうちに部下の状況も変わってしまう……ということもあります。

だからこそ、この仮説からのアプローチ方法は、とっておきの秘策というものではなく、常にループを回して改善しながら「今の部下」にフィットさせていく、という使い方がいいのです。

私が勤務していた採用コンサルティング会社では、パート・派遣社員・契約社員・社員・インターンと雇用形態がさまざまで、多様な経歴を持った人たちが働いていました。そのような部下たちの気持ちを汲むのはなかなか難しく、いろいろと苦労がありました。

たとえば、20代のパート勤務の社員に正社員転換を打診したときのこと。パートとはいえ、フルタイムでの勤務を毎日明るくこなしてくれていました。

まもなく1年というところで、「これまで真面目に勤務してくれていて、仕事の幅も広がってきたから、よかったら今後正社員としてやってみない？」と打診することにしました。

するとこ「少し考えさせてください」との反応が返ってきました。この反応を、私は「積極的な思案」と想像し、待遇や配属、仕事について、想定質問の回答を準備して彼女の回答を待っていました。

しかし、しばらく待っても、彼女のほうから回答を言ってくることはなく、おかしいと思い、よく観察したり、他の社員から様子を聞くなど、情報収集をし直しました。

そして、おそらく待遇などではなく、「何か他に迷う理由がある可能性がある」と仮説を立て、彼女に「何か気になることがあったら相談に乗るよ。今すぐに決めなくてもいいし」と伝えました。

すると彼女から「実は……」と「消極的な思案」を打ち明けられました。彼女は今まで正社員で働いた経験がありませんでした。そのため、当社の正社員ということ以前に、自分が正社員で働くイメージがまったく持てず、打診されてからは、「自分は正社員の責任には耐えられるのか、向いているのかをずっと考えていた」というのです。

私が初めに想像し仮説を立てた積極的思案は全然違っていました。彼女がこれまでに数社アルバイトで勤務してきたことは知っていましたが、そのことと現在の彼女、そして今後の期待する姿をリンクさせて想像できなかったのです。

このケースにもあるように**すでに持っている情報や過去の様子も、現在「観察」したことと合わせて「想像」「仮説立て」を行うことで、より精度の高い結果を出すことができる**のです。

ただ一度でこれをすべて行うのはなかなか難しいので、ループを回すことで精度を高め、少しずつ相手に近づいていくことを意識しましょう。

ちなみに、このエピソードの続きをお話しすると、実は話をしていくうちに、彼女が考える「正社員のイメージ」はとても重いことがわかったのです。その立場に立っていないがゆえの誇大妄想でした。そのため、対話をして一つひとつ疑問を払拭し、最終的に納得してもらい、前向きな気持ちで正社員になってもらったことを明記しておきましょう。

人はどんなところから感情が湧いてくるか、経験をどれだけ組み合わせて考えるか、本人にもわからないくらい、複雑な生き物ではないでしょうか。

だからこそ、相手を理解しようとすること、歩み寄ろうとすることは、複雑でチャレンジする価値のあることだと思うのです。

部下との距離を近づけることは、お客様との信頼関係構築と同じ

ところで、ここまでお読みになったあなたは、こう思ったのではないでしょうか。「部下との距離を縮めるための行動は、普段、お客様との信頼関係を築くために行っていることと同じことなのではないか」

まさか、お客様には丁寧に接し、部下には「そっちが気を利かせろ」などと思っていませんよね？

だとしたら、それは思い違いもいいところ。お客様であっても、部下であっても、同僚であっても、相手の気持ちを想像し、汲み取り、相手にとって良いと思う行動をとるのはまったく同じです。

「お客様はお金をいただいているから、丁寧に接してあたりまえだ」と思った方は、お客様に対して逆に失礼かもしれません。自分と相手との間にお金や契約が介在しようがしまいが、そのようなことは関係ありません。

目の前の相手に対して丁寧に接して、相手との心地よい距離感をつくる――シンプルに

それができれば、あなたは誰とでもいつでも心地よい人間関係がつくれるようになるのです。

私が尊敬するＡＮＡの先輩から言われたことで（もしかしたら、その先輩も本やどこかから聞いた言葉かもしれませんが）、この考えを表している言葉があります。

自分以外は皆、お客様だと思いなさい。

この人はお客様、この人は身内、この人は友人、などと区別せずに、自分のまわりの人すべてをお客様だと思って接する。お客様だと思ってお手伝いできることはないか考える。一見難しそうに見えますが、よく考えるといたって簡単・単純。誰にでも同じように接すればいいのですから。

私も、それを聞いたとき、初めのうちは「全員には無理、大変そう」と思っていました。ですが、ほどなくして、逆に相手によって自分の態度や対応を変えるほうが大変だということに気づきました。「お客様だから丁寧に、上司だから細部まで気を遣って、同期だから軽く」という考えを捨て、「相手のために」だけを考えて行動することが、相手にも素直に伝わる、ということを何度も経験しました。

このシンプルな方法、ぜひ試してみてください。

自分目線のワナに注意

ここでひとつ、注意点を述べておきましょう。それは管理職やマネジャーになってから時間が経ち、部下育成にも慣れてくると、「自分目線のワナ」にはまってしまうことです。目の前の部下の素を見るのではなく、自分のフィルターを通して見たり、枠に当てはめて見てしまうようになるのです。

部下をカテゴライズし、決めつけない

あなたにお尋ねしますが、「Aさんみたいな人はこういうやり方好きだよね」「中途入社の人はこういう感じ」といったように、「こういう人たち」とカテゴリー分けしていませんか。

「Aさんはいつもこうだから、きっとこう考えるでしょ」と、傾向だけで今日のAさんの思考を決めつけてしまってはいませんか?

たとえば、次のようにです。

- 慎重な性格だから人見知りだろう。
- 時短勤務の人は子育てが忙しいから管理職になる気がない。
- 前にＡさんみたいな遅刻魔が異動したら態度がよくなったから、Ａさんも異動させよう。
- 今年の新入社員はおとなしい。

最後の「今年の新入社員は○○」という言い方はしないように……と気をつけていても、無意識のうちにカテゴライズしているのではないでしょうか。

「傾向」としてとらえるのは全体観を持つ際には悪いことではありません。しかし、目の前の部下がその傾向に当てはまったときに、「やっぱり」と思うのはよくありません。**多くの部下を見た結果として傾向をとらえることはあっても、「傾向」に当てはめて人を見ることは、その人の誤った理解につながる**からです。

大学で講師をしているからなのでしょう。私は企業研修の際、人事の方からよく「最近の学生はどうですか？」「大学でも学生はおとなしいのでしょうか？」などと聞かれることがあります。

そんなとき、私はできるだけ「今の学生は〜」という印象を相手に抱かせないように気をつけて話をするようにしています。それでも人事担当のような、多くの学生と接する方々は、効果的に対応するうえで、「学生の傾向を知りたい」と考える方は多いようですし、一理あると思います。

しかし、直接指導をしたり評価をする部下が多くても数十人という管理職のみなさんは、ぜひ一般化したフィルターをかけずに、目の前の部下を見てあげてください。

過去の経験だけで想像・判断しない

カテゴライズせずに目の前の部下をしっかりと見るとき、もう1つ気をつけてほしいことがあります。それは、**「その人の過去の経験だけで判断しない」**ということです。過去の成功経験、失敗経験どちらもです。

たとえば、新規プロジェクトのメンバーを決める、新規顧客の担当者を決める、というとき、あなたはどういう基準で部下をアサインしますか？

一番に考慮するのは、過去の経験や実績ではないですか？　それ自体は問題ないのですが、「それだけで決めてはいけない」ということです。「今現在の部下」の仕事ぶりと本人の意向や状態も、必ず見て、できそうか、まだ難しいか、と判断することが大切です。

人は第一印象やインパクトのある出来事に左右されてしまうことがよくあります。新入社員の頃から見てきた後輩と、10年後に異動で再会。再び同じ部署で一緒に働くようになったとして、「成長したな」と思っても、入社時のやらかした記憶があると「大丈夫かな」「うっかりミスするんじゃないか」と想像してしまいがちです。

逆に、過去に売上表彰された人が、最近低迷していたとしても、「あの人はもともとはできる人だから、きっとそのうち挽回《ばんかい》する」と過去の栄光を引きずるケースもあります。

「失敗しない選択」をしていないか

ＡＮＡで出会ったリーダーのお話をしましょう。

ＡＮＡではさまざまなタイプのグループリーダーがいましたが、その中に、部下の過去の失敗にとらわれているリーダーがいました。

客室乗務員は入社後すぐに緊急時の対応やサービスについての専門訓練を受け、すべての試験に合格しなければ乗務できないのですが、そのリーダーの班に配属の新入客室乗務員が、規定の日数で訓練が終了できない、という事態になったのです。

1週間遅れて訓練を終えたその新人CAに待っていたのは、「できない新人」というレッテルでした。本人も遅れたことは重く受け止め、そう思われても仕方ないと思いながら、これから挽回しようとがんばっていました。

しかし、半年経っても1年経っても、グループリーダーがそのCAに1人で担当する重要な仕事を任せることはありませんでした。おそらく、そのCAの過去の失敗にとらわれ、「また失敗する」「失敗されたら困る」「お客様に迷惑がかかる」という想像を拭えなかったのでしょう。

幸いグループの先輩方はそのCAのがんばりを見守り、成長を認めていたので、リーダーから認められなくてもがんばり続けることができましたが、かなりつらい気持ちを抱えていたのは確かでした。

一緒にフライトして、目の前でそのCAの仕事ぶりやお客様対応の様子も見ていたわけですから、そこから彼女の活躍を想像してアサインしてほしかったと思います。

このように、部下に仕事を任せるとき、失敗したら上司である自分に返ってくると思うと、「失敗しない選択」をしてしまいがちです。

しかし、失敗は誰にでもあることなので、「失敗から現在の成長曲線をきちんと見る」「現在地での様子を見てその後の活躍を想像する」ことが、部下個人にとってもチームにとっても大切になってくるのです。

リーダーへの信頼が薄れ、距離が遠のくとき

余談ですが、この「失敗しない選択」をし続けているとどうなると思いますか？

当事者であった昔の私は、「もういい加減、他の業務をやらせてくれー！」と少し仕事が嫌になりました。

私の場合は、飛行機内で食事の準備をする「ギャレー担当」が半年以上続きました。連続して何度か担当するようになり、グループリーダーや先輩から、「ギャレーを安心して任せられる」「ギャレーのスペシャリストだね」と言われてうれしくなり、調子に乗っていました。

ギャレーは、ファーストクラス、ビジネスクラス、エコノミークラス、2階席と4カ所、4名の担当がいるのですが、その中でも私はいつも「ビジネスクラス」を担当。ギャレーの仕事は好きでしたが、あまりに長く続いたので他の仕事もやりたいと思うようになりました。

そこで、グループリーダーに「最近ギャレー担当が続いているので、今日はサービス担当がやりたい」と具申することにしたのです。

すると、リーダーから「ごめんね。でも今日はビジネスクラス満席だから、ギャレーはあなたにお願いしたいの。次の空いているフライトのときに担当変えるから、今日はごめんね」と、やさしく断られてしまいました。

この言葉を聞いて感じた嫌な予感は的中。その後「空いているフライト」はしばらくやってくることはなく、さらに同じ担当を続けることになりました。

そのときの私のモチベーションとリーダーとの距離感について、想像してみてください。「次のフライト」ではなく、「次の空いているフライト」という約束です。

空いているってどれくらい、それはいったいいつくるのか、私が何回続けてギャレーを担当しているのかわかっているのか……、こうした要望が通らなかったがっかり感と「真剣に考えてくれている？」という疑念が同時に湧いてきたのです。当然、リーダーへの信頼も薄れ、距離も遠のいてしまいます。

このとき、私と逆の立場で、「経験をたくさん積みたいから、ギャレー担当をやらせてほしい」とリーダーにお願いした同僚がいましたが、同じ理由で断られていました。

その同僚も私と同じ気持ちになったのではないでしょうか。「私がずっと担当する＝他の人が担当できない→スキルが身につかない、他の人もやる気がなくなる」という意味でも、過去の経験だけで固定してしまうことのリスクがおわかりいただけたのではないでしょうか。

過去から現在への成長曲線を認識し、共有する

では、部下の「やりたい」「やりたくない」に「ごめん、もう少ししたらね」ではなく、部下との距離を遠ざけず、うまく応えるためにはどうしたらいいでしょうか。

人材育成の手法の1つで、おすすめのやり方が、「成長曲線を部下と共有して、この先の成長をイメージする」ことです。

部下の過去から現在までの経験や身につけたスキルを洗い出し、その成長の角度を理解できれば、今後の成長度合いやスピードが想像できます（図3）。

これを行うにあたって、気をつけたいポイントがあります。それは「私はあなたの成長をしっかり追ってきましたよ、長い期間、丁寧に見ていますよ」ということが部下に伝わるように言うことです。

一点だけを見て、「ここの活躍よかったよね」で終わったり、「いろいろ乗り越えてきたね」と丸めてしまっては、部下の成長をずっと見守ってきたことが伝わりません。自分が一緒に過ごした期間は念入りに、また前の上司からの引き継ぎ資料に書かれていたことなども踏まえて伝えるようにしましょう。「前の部署でのこともわかってくれているんだ」と部下からの信頼が厚くなります。

「ずっと見てくれている。過去のことも理解してくれている」という安心感を与えながら、「じゃあこの先はどうしていこうか」と未来を一緒に考えることができたら、部下はあなたにもっと近づいていろいろ相談したいと思うに違いありません。

先ほどの私の連続ギャレー担当の事例を当てはめてみると、わかりやすいかもしれません。

図3　**部下の成長曲線を知り、共有しよう**

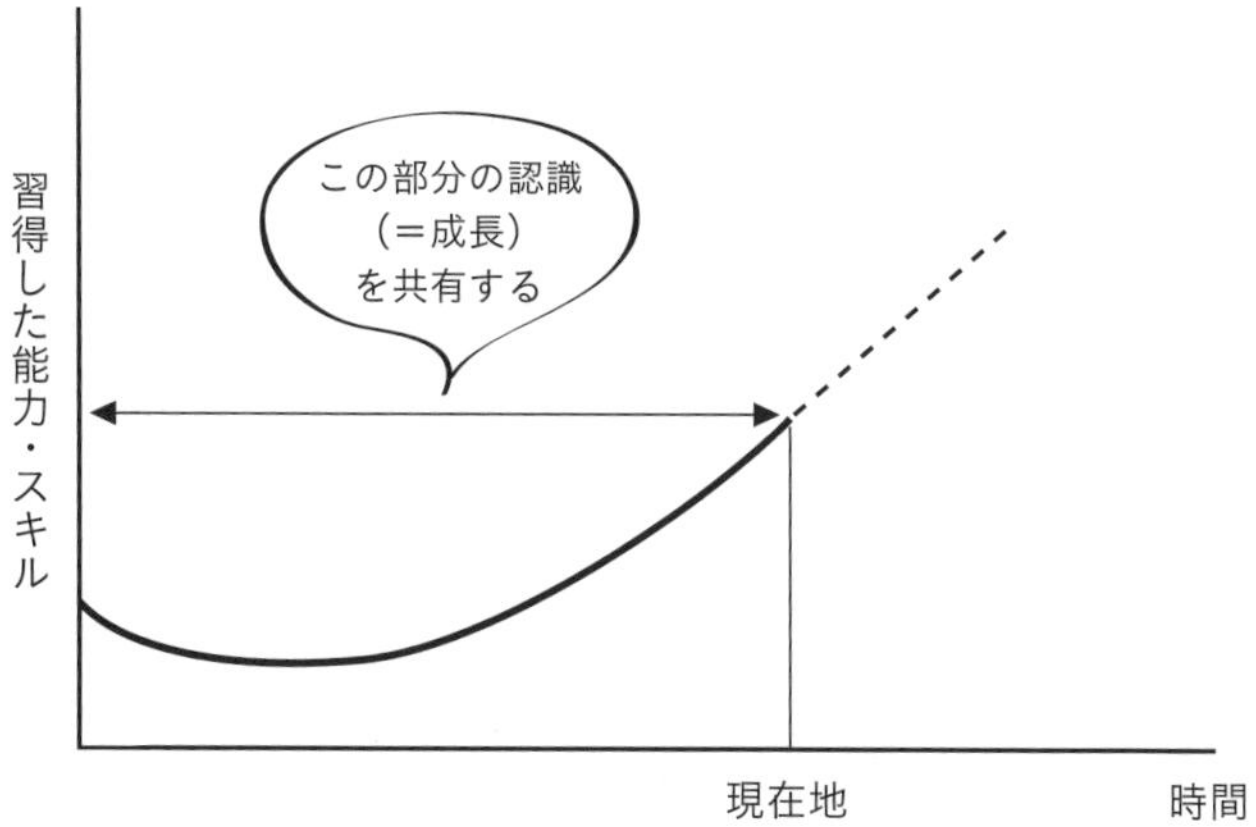

「次の空いているフライトで」と先送りするのではなく、これまでどれくらいギャレー担当をやってきたのか、その中でどういう学びや成長があったのかを共有。ギャレーのスペシャリストスキルについてはこれくらいの時期までにここまで習得、それ以外のサービス担当ではこのスキル、○○業務にも年内にひと通りできるように等々、今後のスキルアップ計画を具体的に一緒に考えるのです。

もしこのような話がきちんとできていれば、私も、今日のフライトで希望が叶わなくても、「いつも見てくれているから」と素直に受け入れられ、次のフライトを楽しみにしていたでしょう。

このような育成の話などは、「年に1回の面談で」と思っている方が多いのですが、それだけでなく、部下が「これやってみたい」「この業務はモチベーションが上がらない」と相談にきたタイミングで行うと、とても効果があります。

年に1回だと、お互い何を話したか忘れてしまうことも多々あるので、このようなタイミングを逃さずに部下と話をするといいでしょう。

キャリアの話から部下への理解を深める

このようにキャリアやスキルなど日常的な業務の話ではない、けれども重要な話（「緊急ではないが重要」という『7つの習慣』の第二領域にあたる）は、部下の仕事に対する考え方や将来への希望など、「深い考えや想い」を知ることができます。

上司であるあなたにとっても、この「未来の情報」はとても貴重です。なぜなら、この話をしなければ、あなたは部下の過去と現在はわかっても、未来については何も知らないからです。未来については部下の頭の中にしかないのです。

役職に就きたい、就きたくないなどわかりやすいものはもちろん、今の仕事をどう考えているのか、今後どういう方向で力を発揮したいのかなどを知ることは、部下との距離を縮める大きな手助けになります。

志向性がわかれば、部下がなぜこういう行動をするのか、この業務に興味がないのかなどが理解しやすくなります。

相手への理解が進めば、当然話がかみ合い、「上司と話していると楽しい」「勉強になる」と感じてくれます。

私は自分の将来のことやキャリアのことについて、採用コンサルティング会社の上司（社長）とよく会話をしていました。会話をしていたというよりも、よく「聞かれた」からよく答えていたというほうが正しいかもしれません。タイミングとしては、クライアント先に同行するときの電車の中や社内で大きな企画書を仕上げてほっとしながら提出したときなどが多かったように思います。

社員20名の小さな組織だったので、社員全員の上司が社長です。

社長はさまざまなタイミングで、

「津田さんはこの先何がしたい、という希望はある？」

「新規事業をやるとしたら何がしたい？」

「お子さんが大きくなって手が離れたらどうしようと思っている？」

「今どうなったらいいと思う？」

など、プライベートも含め、社員一人ひとりのキャリアを考えた問いかけをされました。すぐに答えられなくても、問いかけられることによって自分も考える機会をもらい、考えがまとまったところで社長に話しに行くなど、自分のキャリアと会社の将来についてよく話した記憶があります。

キャリアについてよく話した＝自分のことをよく理解してもらった、と改めて感じます。

趣味の話で盛り上がるのも、信頼関係をつくるという点では効果的ですが、相手を深く理解するということについては、今後のキャリア等を話題にすることで、想像していなかった部下の考えにたどり着くかもしれません。

第5章

的確に思いを「表現」する

——実践・快適距離感メソッド

快適距離感メソッド実践の最後は「表現力」です。観察→想像したことを相手に「表現」しなければ、結局すべて無駄になってしまい、部下との距離を縮めることはできません。

ここで思い出していただきたいのが、第2章でお伝えした「マインド」です。部下と接するときにどういう心がまえを持つか、今一度思い出してください。オープンマインドや気持ちの余裕は、表現しようと思わなくても表情や態度におのずと表れます。そのうえで、さらにどんなことを意識して、具体的に何に気をつけたらいいのかについて見ていきましょう。

人称を効果的に使う

一人称＝私、二人称＝あなた、三人称＝第三者——あなたは部下と話すとき、これらの人称の使い方を意識していますか？

たとえば「私」。「私」は無意識で使っていることが多いと思います。では意識して「私」を使うのはどんなときでしょうか。

一人称を意識的に使う

「私」は無意識で使うことに加え、会話の中では省略している場合も多いのが特徴です。

「今日は忙しかった」

「会議中、眠気を押さえるのに苦労したよ」

「この業務をあなたにやってもらいたい」

これらは、主語は話し手＝私になりますが、省略して話すことが日本語では普通です。

そこを、**あえて一人称を入れて表現してみる**のです。

もちろんすべての会話で入れるわけではありません。「私」を強調したいとき、部下に強く伝えたいときにです。

「私は、この業務をあなたにやってもらいたいんだ」

「このやり方は、私はあまり好きではないけど」

「私が一番いいと思うのは、〇〇の方法ではないかと」

どれも「私」を抜いても意味は通じます。しかし受け取るニュアンスが変わります。

「この業務をあなたにやってもらいたい」と言われた部下は、こう考えます。

「上司の意向か、会社の意向か？」

「絶対に自分でないといけない業務なのか？　他の人でもいいのか？」

「どんな業務なのだろう？　やったほうがいいのか……」

これに対し「私は、この業務をあなたにやってもらいたい」と言ったときは、部下は次のように考えます。

「上司の強い意志を感じるな、期待してくれているのかもしれない……」

「自分がやるべきなのかも……」

要するに、**「上司の期待に応えよう」という気持ちになる**わけです。

2つの例の部下の気持ちを見て、お気づきでしょうか。前者の部下の反応には「？」があふれています。言われた言葉に不明点や疑問が湧いて、素直に受け止められない様子なのがわかりますよね。

普段、部下があなたの指示にすぐ返事を返してこないことってありませんか？　それを、「返事が遅い」と反応しないことを部下のせいにしていたら、この事例のように部下があなたの言ったことを理解しきれていないのかもしれませんよ。

二人称は個人名で呼びかける

先ほどの事例「私は、この業務をあなたにやってもらいたい」――これを「あなた」ではなくて「田中さん」に変えたほうが効果的、というのは、みなさんご存じだと思います。営業の場面でも、1時間の商談で3回以上相手を名前で呼びかけると、親近感が湧いて商談が進みやすくなると言われています。

つまり、**相手の名前を呼ぶという行為自体が、相手との距離を縮めている**のです。「目の前にいるのに改めて名前を呼ばなくてもわかるでしょ」ではありません。相手との関係性を深めるために、会話の中に意図的に相手の名前を入れるのです。

たとえば、次のようにです。

上司：田中さん、ちょっといい？
田中：はい、何ですか？
上司：田中さんにちょっとお願いしたいことがあって。新しいクライアントの担当なんだけど、私はぜひ田中さんにお願いしたいと思っているんだ。どうかな。
田中：そうなんですか。〇〇（上司）さんがそうおっしゃってくださるなら。

上司：やってくれる？　田中さん、ありがとう。田中さんに任せれば安心だよ。

この短い会話の中に、初めの呼びかけも含めて5回も相手の名前を入れています。最後の5回目に関して言えば、「田中さん」がなくても十分自然な文章として成り立ちます。

そこにあえて名前を入れることが、相手の気持ちを動かすことにつながるのです。

「ありがとう」というよく使う言葉も、「田中さん、ありがとう」と言われると、自分に向けて、改まって言われた感じがしますよね。そのほんのひと手間を丁寧に伝えてみましょう。

三人称を効果的に使う

一人称のパートで「私」を入れることで強調して伝わる、という話をしました。ここでは、第三者を話の中に登場させることで、さらに印象的に強調できる方法を見ていきましょう。

話の中に三人称が出てくる場面でよくあるのは、うわさ話や伝聞調に伝えるときです。「○○さんがそう言っていた」「みんなやっている」「お客様がこう言っている」という言い方です。

これをただの伝聞調ではなく、相手が喜ぶように少しだけ誇張して伝えるようにするのです。**誇張のポイントは、①登場人物　②ことば。**

先ほどの例で考えてみましょう。

上司：田中さん、ちょっといい？
田中：はい、何ですか？
上司：田中さんにちょっとお願いしたいことがあって。新しいクライアントの担当なんだけど、私はぜひ田中さんにお願いしたいと思っているんだ。どうかな。
田中：そうなんですか。〇〇さん（上司）がそうおっしゃってくださるなら。
上司：そうそう、私だけでなく、高橋部長もぜひ田中さんに、と言っていたよ。
田中：えっ、高橋部長もですか。それではもうやるしかないですね。
上司：ごめん、プレッシャーかけるつもりはなかったんだけど……。でも、高橋部長も田中さんがやってくれるなら安心だと思うに違いないよ。
田中：わかりました。お引き受けします。

上司：田中さん、ありがとう。高橋部長にも伝えておくね。

いかがですか？　「自分より上の役職者も同じことを言っている」「複数で言っている」ということで、自分の言葉が強められたと感じませんか？

この例にもあるように、自分よりも上の立場の人を登場させるのはもちろん直接的な強調になりますが、**必ずしも上司である必要はありません。**

「総務部の○○さんも田中さんはきちんとしている、と言っていたよ」

「後輩の○○さんも田中さんにいつもフォローしてもらっていると感謝していたよ」

このように「○○さんの言葉」という第三者情報があれば、相手に強く印象づけることができます。

普段一緒に仕事をしていない総務部の○○さんの言葉は、「あまり接点がないのに見てくれていたんだ」という驚きの気持ち。毎日一緒に仕事をしている後輩の○○さんは、「かわいがっている後輩からのうれしいひと言」という、それぞれにうれしいポイントがあるのです。

第三者の声を集めれば集めるほど、部下との距離はさらに縮む

私はこの第三者の声を使うために、部内や社内の情報収集を積極的に行っていました。

ANAのグループリーダー時代は、グループメンバー全員に、それぞれ他の人の仕事ぶりについていいところと改善点などを聞く。またフライトに他のグループのCAがいた場合も、「うちのメンバーはどうですか？　気になる人はいますか？　お気づきの点を教えてください」とヒアリングするなどして、できるだけ多くの人の声を集めていました。

これはサービス品質の向上やメンバー育成の観点で行っていたことですが、ここで「集まった声」、特に「プラス情報の声」は本人に伝えると、上司である私1人が「よかったよ」と伝えるよりも効果が高かったのは確かです。

ほめている人が増えるので当然といえば当然ですが、おそらく**直属の上司の言葉は、ほめてもやる気にさせようとしているのではないか、元気づけようとしているのではないか、と憶測されてしまうこともある**かもしれません。

その点、第三者であれば、わざわざ言ってくれた、純粋によいと思ってくれた、と素直に受け取ってくれる可能性が大といっていいでしょう。

リーダーの鎧を脱いで、弱点をさらけ出す

あなたは、自分の失敗談や弱みを部下に話したことがありますか？

実は私はずっと苦手でした。「できる人」でいたい気持ちが強くて、「できる鎧《よろい》」を着て、弱みなど見せずに、なんでも「できます！」と言っては鎧の中で焦りまくっていたのです。今では「なぜあんなに無理してがんばっていたのだろう」と思いますが、当時は必死でした。もしかして、あなたも当時の私と同じかもしれません。

誰でもかっこ悪いところは見せたくないし、会社員であればデキるところを評価してもらいたいと考えるのはあたりまえです。ましてや管理職であればなおさらのこと、上から下から見られるので、鎧で固めたくなるのかもしれません。

でも、私とは逆にこんな人に出会ったことはありませんか？　そう、自分の失敗談を楽しそうに話す上司や先輩です。

あなたがまだ入社数年の頃、その上司や先輩が失敗談を話しているのを聞いて、どう思いましたか。「こんなに優秀な先輩でも大損失を出したことあるんだ」「○○さんでもク

レームもらったことあるんだ」と、急にその上司や先輩を身近に感じませんでしたか？

そして、上司の失敗談を聞いたとき、その上司のことを「かっこ悪いな」「それで本当に管理職？」とは思わなかったですよね。

そうなのです。**部下は「素の上司の姿」を知りたいと思っている**のです。「普通のあなたの姿」を知りたがっているのです。

部下からすれば、上司であるあなたを見て、仕事ができるということはよくわかっています。「○○さん、こういうところ、すごい！　さすがだな」と思っています。ですが、それだけだと「遠い」ままなのです。あなたを遠くに感じてしまう……。だから弱みをあえて見せるのです。

弱みの見せ方はいろいろあります。過去の失敗談、最近の失敗談、苦手なこと（細かい作業、人前で話す、かっこいいプレゼン資料をつくる）、先輩から怒られたときのセリフ、できるようになるまで時間を要したこと（苦労話）、性格的に弱い部分（ネガティブで落ち込みやすい、気が小さい）等々。

大きな失敗をしていないというのであれば、失敗談に限定する必要はありません。悩んだこと、苦しんだこと、不安に思ったことなどを赤裸々に告白してもいいでしょう。

また失敗は大きいほうがインパクトはありますが、小さい失敗でも自分にとっては大変だった、というのであれば伝わります。目的は「素の自分を伝えて距離を縮める」ことなので、自分らしいエピソードがいいのではと思います。

私が部下によく話した失敗エピソード

私の事例を挙げれば、それだけで本が1冊書けてしまいそうですが、よく後輩に話していたエピソードを1つご紹介します。

客室乗務員として国際線乗務を始めて2年目頃、その日はビジネスクラスの担当でした。

担当エリアのお客様が食事サービスのときに眠っていらっしゃったので、いったん飛ばして他のお客様の対応をしていました。寝ていらしたお客様の横を通り過ぎようとしたとき、一瞬お客様の目が薄く開いたように見えたので、「お客様、お目覚めですか？」と声をかけてみました。しかし、お客様は反応しなかったため、今は食べたくないのかなと思い、そのままにしました。

ただ当時は食事の事前オーダーがなく、その場で和食か洋食かのご希望を伺う方法だったので、「食事の希望だけでも伺っておこう」と考えました。お目覚めになったときに「こっちじゃないほうを食べたかった」と言われたら困ると思ったからです。

そこで、きっとウトウトしているだけで聞こえているだろうと、こう話しかけてみることにしたのです。

「お客様、あとでお召し上がりになるのであれば、お食事のオーダーだけ伺えれば、いつでもお召し上がりいただけるようにお取り置きしておきます。和食と洋食どちらがよろしいでしょうか?」

しかし反応がありません。仕方なく、他のお客様のオーダーを優先し、残った和食をこのお客様用にとっておくことにしました。

3時間以上が経ち、機内も暗くして多くのお客様が休まれた頃、このお客様がお目覚めになりました。

そこで、「待っていました」といわんばかりにお客様のところに行き、「お客様、お目覚めですか。よくお休みになれましたか。お食事がまだでいらっしゃいますので、いかがですか？　和食をご用意しております」と伝えたところ、思ってもいなかった展開に……。お客様は不機嫌な様子で「いらない」とひと言おっしゃって黙ってしまったのです。

私は失礼をしてしまったのかもしれないと思い、「申し訳ございません。何か気に障ることを申し上げましたでしょうか」とすぐにお詫びしましたが、お客様の様子は変わりません。「自分ではどうすることもできない」と思った私はパーサー（クラス責任者）に相談することにしました。

パーサーもお客様の様子はずっと観察していましたので、お客様が何も飲食せずにずっと寝ていたことは承知していました。

少し考えてから、パーサーはコップ一杯の水とおしぼりを持って、お客様のところへ行き、「お客様、ずっと水分もとっていらっしゃらず身体に悪いので、お水をお召し上がりください。少ししましたら、お話しさせていただけませんでしょうか」と言って、水とおしぼりを置いて一旦お客様の前から辞しました。

しばらくすると、お客様はパーサーが置いた水を半分飲んだのです。それから10分くらいして、パーサーは改めてお客様のところへ行き、声をかけたところ、お客様が初めて口を開いたのです。

30分以上2人は話していました。パーサーが戻ってきて、お客様と話していたことをすべて私に話してくれました。

私のお客様への声かけのすべてが、お客様のことを考えていないように聞こえて不快だったというのが、不機嫌になった理由だったのです。

寝ているお客様に向けて食事のオーダーを決めてほしい、目を覚ました瞬間に食事してください等、お客様からすれば、「なんで今?」と思うことであり、サービスする側の都合を押し付けられていると感じたらしいのです。もちろん私はそのようなつもりではなかったのですが、結果としてそうとられてしまう言動をとってしまったのです。

パーサーがお客様との関係を修復してくれたので、お客様はその後、食事もされ、私もお客様にきちんとお詫びすることができました。

そして、パーサーは私に対して、こうアドバイスをしてくれました。

「誰が見ても明らかに間違ったことをしたわけではなく、お客様に対する気持ちが足りなかったわけでもない。ただ言葉が間違っていた、お客様への気持ちを表現できていなかった。言葉の使い方はもっと敏感に。これから勉強しようね」

事後になって、改めて自分の行動を思い返し、お客様へ寄り添った言葉が出てこなかった原因を考えてみました。

すると、「お客様へ快適なサービスをする＝ミスなく、遅れることなくちゃんとやらないといけない」という思いにばかりとらわれ、目の前のお客様の気持ちよりも「サービスをうまく回す」という方向に意識が向いてしまったことが、気持ちが伝わらない言葉を発してしまった要因なのだと考え、猛省したのです。


私はこの出来事があって以来、自分の言葉が相手にどのように伝わっているか、意図したように伝わっているかを注意深く観察するようにしました。

それがこうやって本を書くまでになっていると思うと、まさに失敗から多くのことを学んだとしか言いようがありません。自分のお客様対応スキルだけでなく、パーサーのお客様対応スキル、上司としての指導力など、何年も経ってからでも学ぶことがたくさんあったのです。

このエピソードは「失敗談」ですが、部下や後輩に話すとき、お客様を怒らせてしまったエピソードではなく、「お客様の立場で考えない、浅い思考で行動すると、お客様に迷惑をかけてしまう」という悪い見本として伝えるようにしています。

また、言葉も配慮も足りない未熟な客室乗務員も、数年後はなんとかお客様に満足していただき、チーフパーサーとして後輩を指導できるまでになった、ということも、部下に元気を与えるネタになるかと思っています。

弱点をさらけ出し協力を仰ぐことで、部下に一気に近づく

自分の苦手なことや性格的な弱さを部下にさらけ出すのは、失敗談を話すよりも勇気がいることかもしれません。失敗談は昔の話ですが、苦手や弱さは現在の話であるからです。でも、苦手や弱さがあるのに、無理をしてできるフリをしていると、結局自分が苦しくなってしまいます。

また、**最もよくないのは、それを見ている部下たちに、「弱音を吐かずにがんばらなければ」「無理をしてでも苦手を克服して迷惑をかけてはいけない」と無言のメッセージを送ってしまうということ。**「1人でがんばる」というメッセージは部下を遠ざけるどころ

か、メンバーの結束を崩してしまうことになりかねません。

苦手や弱さを伝える意図は、協力関係を敷いてメンバーの結束を強めることにあります。

部下に、一歩どころか、一気に三歩近づける方法なのです。

私がグループリーダーのときによくやっていた方法は、「大募集方式」。

- 報告書を丁寧に書くことが苦手↓報告書を書いてくれる人大募集。
- 機内アナウンスが苦手↓今日のアナウンス担当大募集。
- 機内販売の売上金管理が嫌い↓金銭管理担当大募集。

このように、さまざまな苦手業務をメンバーに振り分け、協力してもらいました。

最後は苦手を通り越して、自分がやろうと思ったらできるけれど嫌いな業務まで募集。

かなりラクしていたかもしれません。

もちろん部下やグループメンバーの苦手なことを代わりに引き受ける、ということも行います。結局、得意な人が得意なことをやるという形ができると、みんながラクで心地よいグループになりますよね。**リーダーが弱みを見せると、部下たちも自分の弱みを安心し**

てさらけ出すようになりますよ。

対面、メール、チャット、電話、それぞれの表現方法を身につける

現代は連絡手段も多様化し、どこの会社でもさまざまなコミュニケーションツールを使用しています。テレワークの回数など、出勤形態によっても選択肢が変わってきます。悩みますよね、使い方やタイミング。

ここでは、それぞれ利点や欠点がありますが、「表現」という側面から、相手への伝え方という観点で考えていきます。

対面での表現

伝わる内容に一番行き違いがない方法です。

コミュニケーションで最もこじれるのが、「そんなつもりではなかった」と自分の意図どおりに内容が伝わらなかった場合です。それを回避するには、対面が一番です。

対面の利点は次の3つ。

①言葉以外の非言語情報が多く正確に伝わりやすい。
②相手の反応をじかに見て追加修正できる。
③書くなどの手間がかからず早い。

第3章でお話しした、表情や態度などの非言語情報を活用しながら会話をします。具体的には、笑顔でアイコンタクト、腕組み・脚組みしない、椅子に寄りかからずやや前のめりで、携帯やPCの画面から離れて、相手の言葉にうなずきながら等々。

これらの相手の様子も観察することで、言葉の真意をより正確に理解することができます。

また、対面で話しても1回で伝わらないこともありますが、すぐに「それってどういうこと?」「こういうことで合っていますか?」と確認ができるのもメリットです。逆に言えば、初めの言葉が足りなかったとしても、相手の反応を見て説明を足すことで、お互いに満足のいくやりとりができるわけです。

このような利点については、十分にご存じだと思いますが、実際にできているかどうかは、次の点に注意を払いながら振り返ってみてください。

- 言葉だけでなく、非言語情報でも自分の意図したように伝えられているか。
- 部下がぼそっと「わかりました」と言ったとき、フォローしているか。
- 自分が言いたいことを言って、「以上、よろしく！」になっていないか。

利点の多いやり方も、やり方を間違えれば逆効果にもなります。部下の顔をろくに見ずに指示だけ出していれば、部下の反応を見逃してしまうし、あなたが厳しい顔で話をすれば、部下は言葉を飲み込んでしまい、やりとりが発生しなくなります。厳しい言い方をすれば、**対面でのコミュニケーションの成果は「上司のあなたの態度」にかかっている**のです。

私が職場のコミュニケーション研修を行う会社では、この「上司のコミュニケーションの態度」に課題があることが多く、部下の方の意見を聞くと、次のような声が聞こえてきます。

- こちらの都合も聞かずに、一方的に指示を出される。
- 上司がいつも忙しく余裕がなさそう。話しかける雰囲気ではない。
- どうしても必要な確認で声をかけたのに、面倒くさそうな顔をされた。
- 急ぎの仕事を振るときだけ急に笑顔になる。
- あいさつが「おう」だけ。これはあいさつなのか。

忙しさで余裕がないために雑な態度になってしまっているのかもしれません。しかし、繰り返し言うように、**あなたの行動が「相手にどう伝わっているか」がすべて**なのです。

逆に、あなたから見て、部下がやる気なさそうな態度をしていたら、本当はどうなのかを確認する必要があります。あなたと同じように、「え、そんなつもりはまったくない」のかもしれませんよ。

オンラインでの表現

ご存じのように、対面よりも非言語情報が伝わりにくいという点で、わかりにくいのがオンラインです。狭い画面の中で表情や声の微妙な変化や人全体の雰囲気が伝わらない、反応にタイムラグが生じるからです。

そのため、自分が発言する際にオンラインで気をつけることは1つ、「オーバーアクション」で表現すること。部下たちが「やりすぎでしょ」と感じるくらいがちょうどいいのです。**やりすぎと感じる＝上司の配慮を感じる、**ということです。

それを見て、オーバーリアクションで返してくれる部下がいれば大成功です。部下の話を聞くときには、非言語情報が乏しい分を言葉で補うように、部下への問いかけや質問を多用することです。

「画面越しだと、思っていることがよくわからないから、ちゃんと一人ひとり発言してくださいね」

「チャット欄につぶやいてね」

といったように、初めに呼びかけておくのもよいでしょう。

メール、チャットなど文字での表現

これまでにメールやチャットなどの文字情報のやりとりで、「え？　これどういう意味？」と思ったことはありませんか？　皆さん一度や二度どころか、何度も経験があると思います。

オンラインと同様に、非言語情報のない文字情報のやりとりは、そのような意味の取り違えが起こったり、そこから思ってもみなかった方向へ憶測が及ぶこともあります。特に上司と部下など立場が違うと、余計にそのようなズレが生じやすくなるということを意識して、細心の注意を払って書くことが大切です。

会社の方針にもよりますが、非言語情報を補完するために、チャットでは絵文字を使って、文章の内容とともに伝えたい気持ちを表現するのは良いやり方です。

「明日までに必ず仕上げてください」

「明日までに必ず仕上げてください☺」

2つの文の違いを感じてみてください。2番めの文章は絵文字から「よろしくね」「がんばってね」という声が聞こえてきそうですね。

これに対し、絵文字なしの文章は、上司から見たらごく普通の文章ですが、絵文字を普段から多用している若手部下からすると、冷たく感じたり、命令されているように感じてしまうことがあります。

では、どうするか。方法は2つあります。1つは、部下にビジネスでは社内であっても絵文字を使わないが、このような指示のみであっても、怒っているわけでも命令しているわけでもないので、ただの指示として受け取ってほしいと説明し、わかってもらう。もう1つは、絵文字で伝えたいことを文章にして表記する、です。

方法は2つと言いましたが、どちらも採用するとよいと思います。きちんとビジネスでの慣例を伝えたうえで、可能なときには相手に合わせて言葉を足すのです。

右の文章を例にとると、次のようにです。

「明日までに必ず仕上げてください。田中さんなら大丈夫だと思いますが、どうしても間に合いそうもないとか、相談したいことがあったら、早めに相談してくださいね。電話してくれてもいいですよ」

この文章量を見ると、たった1つの絵文字の情報量と効果は絶大ですね。とはいえ、お客様宛のメールなど、絵文字を使えない場合もありますので、丁寧に言葉で表現するスキルは持っておきたいですね。

電話での表現

電話は対面とメールの両方の要素を持つコミュニケーション手段です。顔が見えず反応がわかりにくい反面、言葉のやりとりは間を置かずにできる即時性があります。

今は営業や社外での仕事の報告などもチャットツールで行う企業が増えていて、電話は緊急時のみ、ということが多いのではないでしょうか。

部下と電話で話すときのポイントとしては、オンラインのときと同じ、「問いかけや質問を多用し、なるべくズレを起こさないようにすること」です。

とはいえ、「外出先からかける／受ける」でゆっくりと話せなかったときなどは、帰社したときに、「さっきの電話のことだけど、改めて聞かせてくれる？」と改めて時間をつくるのもよいでしょう。

また、お互いにテレワークでじっくり話せるときには、普段話せない相談事などを話す時間を設けるのも、部下との距離を縮める良い方法です。話を聞く側は相手の姿や顔を見ながら聞きたいと思うものですが、**個人的な相談事をする場合は、相談者は対面よりも顔が見えない電話のほうが、本音を話しやすい**と言われています。

パワハラと誤解されないために

最近は「パワハラと思われるのではないか」と考え、部下と話したがらない上司が増えていると聞きます。もちろんパワハラでないのに、パワハラだと勘違いされては困りますが、だからといって部下と最小限のことしか話さないというのも寂しいですよね。

指示言葉しか話さない関係性では、いつまでたっても距離は縮まりません。

本書に書いてあることを実践していただければ、パワハラと勘違いされることはないはずですので、まずは本書をしっかりと読んでいただきたいと思います。

ただ、「口から発した言葉」は文字情報とは違って、発した瞬間から消えてしまう「記録に残らない」ものであり、「瞬間的に」発せられるという特性があります。

そのため、普段部下のことを大切に思っていても、何かミスや事故が起こった際、とっさに「部下にとってきつい言葉」「傷つける言葉」を発してしまうことがあるかもしれません。

このようなことを防止する対策として、次の3つが考えられます。

①部下にとって厳しい指導をした際は、部下の様子をしっかりと観察し、フォローする（内容により数日〜1カ月）。

②厳しい指導をしたときは、第三者がどう受け止めたか意見を聞く（事象を当事者間だけにしない）。

③マイナス感情の言葉は部下に対して使わない（プラス言葉に置き換える）。

③については、「そんなんじゃダメダメ、なにやってるの！　これにして」「なんで納期が間に合わないんだ。理由はなんだ」という言い方がその典型です。

前者の「ダメダメ、なにやってる」の部分は、部下自身を全否定しているような感じがしますよね。後者は「なんでなんで」の連発に追い詰められている感じを受けますよね。どちらもパワハラを受けたと解釈されてしまう場合があるのです。

そこで、言い方を次のようにプラスに変えてほしいのです。

「そんなんじゃダメダメ、なにやってるの！」↓「そのやり方、ここやりにくくない？　こっちのほうがいいと思うよ、試してみて」

「なんで納期が間に合わないんだ。理由はなんだ」↓「納期が間に合わないって、どうかしたの？　何があったのですか」

プラス言葉に変換しても、「やり方を変えてほしい」「遅れる理由を知りたい」という要望は叶いますよね。だったら、こちらの言い方のほうがお互いにとっていいと思いませんか？

また、突発的なことが起こらなくても、日常業務の中でパワハラだと思われてしまうことも実は多くあります。

研修の中で興味深かった発言としては、

①普段から部下の話を聞いてくれない。
②いつも怒っている（ように見える）。

という部下側の意見がありました。

詳しく聞くと、「話を聞いてくれない」にポイントがありました。部下からすると、上司によく意見を伝えているが、一度もその意見が通ったことがないし、通らなかった理由も説明されたことがない。これはそもそも上司が部下の意見を聞く気がないからであり、すべて自分の意見にみんなを従わせることはパワハラだ、というのです。

この事象がパワハラかどうかは議論の余地がありますが、それよりもこのコミュニケーション不足、言葉足らずのために、部下からパワハラ認定されてしまう状況を、どう思いますか？

ほんの少しの説明があれば、ほんの少し部下の声に反応できていれば、このような誤解は起こらないはずです。

②のいつも怒っているように見えるに関しては、もしかしたら、真剣に仕事をしている顔が怒っているように見えるだけかもしれません。日常の会話やあいさつ＋αの声かけがあれば、怒っているようには見えないはずです。こちらも**日常の「ほんの少し」が足りない**のです。

上司の言葉は部下にとって重たいものです。ほんの少しあるだけで部下は安心する、それだけ重要視してくれていると思うとありがたいですね。

ただし、自分のひと言で一喜ではなく、一憂させてしまう危険性もあります。そのひと言の責任を負うのも上司の役割です。表現を磨いて、言葉の力をうまく活用できれば、あなたのコミュニケーション力だけでなく、マネジメント力も格段にアップするようになるでしょう。

第6章

シーン別「部下との距離の縮め方」

ここまで快適距離感メソッドのマインド・観察力・想像力・表現力について述べてきましたが、いかがでしたか。

「ふんふん。なるほど、わかった」と思っても、頭で理解するだけでは意味がありませんよ。あなたも普段部下に「行動が大事」と口癖のように言っていると思いますが、その通り、部下との距離を縮める行動を実際にできなければ意味がありません。

とはいえ、急にやるといっても、どこから実践しようか、よくわからない人もいると思います。

そこでこの章では、シーン別に「こんなとき、こうする」という部下との接し方や声かけをお伝えしていきましょう。

出社から退社までの流れで進めていくので、実際の活用方法もイメージしやすいと思います。前の章で確認した事例と似たシーンも出てきます。

進め方として、〈声かけ例〉を見る前に、〈一歩近づくヒント〉を参考に、ご自身でなんと声をかけるかを考えてみてください。

また、〈ありがちＮＧ例〉は、「上司の指示の仕方や言葉としてやってはいけない」という意味ではありません。「その声かけでは部下との距離が縮まらない、場合によっては遠くなる」という意味でのNGです。

さらに、ご自身の社内、チームに当てはめて、事例をアレンジして考えてみても効果的です。ではやっていきましょう。

朝出社時

「おはよう」で終わりにしない

シーン1 「おはよう」のあと

あなたは始業の20分前にオフィスに到着したところ、部下のAさんがすでに出社していて、Bさんもちょうど到着したところでした。「おはよう」のあと、あなたはどんな声かけをしますか？

〈ありがちNG例〉

✕いやあ、暑いねえ（ひとり言のように）。

〈一歩近づくヒント〉

■今日の仕事の打ち合わせに終始しないようにする（「今日〇〇社さんに訪問予定だよね？ そのとき……」など）。

■感情表現を入れる。

〈声かけ例〉

◯2人とも早いねえ。今日何かあったっけ？　あ、何もない（笑）。だよね。今日もよろしく！

◯Aさん何時に来たの？　家近いんだっけ？　いいなあ。

◯Bさんも今来たの？　今、一瞬雨やんでてラッキーだったよね。

毎日声をかけるコツは、「おはよう」で終わりにしないで、「今日の部下」をしっかり見ることが大切です。

そのうえで見て感じたこと、思ったことを素直に表現しましょう。ここでは「早く来た」ことから話題を振っていますが、第3章の例題にあるような服装や表情を話題にしてもOKです。

また、「全員に毎日……」と思わなくて大丈夫。部下が10人いたとしても、毎朝2人に声かけをすれば、1週間で全員1回は声かけできる計算になります。（復習ページ：第3章）

シーン2　電車遅延で遅刻

始業時間となり、課のメンバーがほぼそろいましたが、Bさんからたった今チャットがあり、電車遅延で10分到着が遅れると連絡が入りました。取り急ぎ「了解しました」と返事をしてしばらくすると、Bさんが急ぎ足でオフィスにやってきました。

さて、あなたならどうしますか。Bさんに何か言いますか。

〈ありがちNG例〉

✕電車遅延もあるかもしれないけど、もうちょっと早く家を出たら？

✕……（無言、反応せず）。

〈一歩近づくヒント〉

■焦った気持ちや急いだことに対して、あたりまえと思わずに共感する。

■本人理由の遅刻でない場合は、相手が共感するような、早く来たほうがトク、早く来たいと思わせる表現を使う。

〈声かけ例〉

◯走ってきたの？ ありがとう。朝からお疲れ様。

◯最近電車遅延が多くて、焦るよねー。業務予定に影響ない？

◯最近人も多くなって遅延が頻繁だから、1本早いと走らなくてラクだよ。

時間の感覚、常識的な感覚などは、個人によって差があります。始業5分前到着だと心配な人もいれば、5分前で十分間に合うと思っている人もいます。

そのため、**感覚の部分を直接否定しても受け入れてもらえなかったり、「この人とは感覚が違うから……」**とあなたを遠ざけてしまうこともありえます。そんなときはまずは共感、そしてメリット提示です。（復習ページ：第3章）

業務中　部下の立場になる

シーン3　業務の進捗確認をする

明後日クライアントに提出予定の大型提案の企画書が、担当のCさんからまだ上がってこないことが気になっています。

先週下書きの段階で一度確認しているものの、その際修正もかなり入れています。なんで報告してこないのか、もう仕上がっているのかどうなのか、この提案を通さなければと意気込むあなたのイライラは募るばかり。

〈ありがちNG例〉

✕Cさん、企画書どうなった？　見せて。

✕Cさん、あれから何も報告ないけど、企画書どうなってる？

〈一歩近づくヒント〉

■ 大きな仕事を担当してもらっているねぎらいの気持ちを表現する。

■ イライラする気持ちは横に置いて、あなたの目的（企画書の進捗や出来を確認したい）を達成するための声かけをする。

〈声かけ例〉

◎ Cさん、あの企画書結構大変だよね、ありがとう。今、少し時間あるから手伝えるけどどう？

◎ （冗談ぽく）全社期待の大型案件の企画書、どうなった？　ちょっと教えて。

NG例を見て、「Cさん、企画書どうなった？　見せて」の何が悪いの？　こう思った方もいると思います。確かに、この言葉だけを見れば悪くはないかもしれませんが、そこで提案。

ぜひCさん（部下）の立場に立ってから、もう一度なんと声かけをするか考えてみてください。そうすると自然と、「重要な企画書をやってくれてありがとう。大変だろうな」

という気持ちが湧いてくるのではないでしょうか。（復習ページ：第4章）

■シーン4　急ぎの仕事をお願いしたい

大型案件の企画書を無事にクライアントに提出してほっと一息ついたのも束の間。クライアントから、「稟議を通すために追加の資料が欲しい。できれば明日までに」と言われました。Cさんは相当疲れている様子ですが、Cさんにお願いするのが一番いいと思っています。

〈ありがちNG例〉

✕Cさん、先方から追加資料の依頼が来たよ、明日まで（指示のみ）。
✕Cさん、追加資料もよろしく（一方的に）。

〈一歩近づくヒント〉

■ほっと一息ついた気持ちを共有する。
■Cさんが一番適任ということを改めて伝え、感謝も忘れない。

〈声かけ例〉

◯せっかく無事に出してほっとしていたのになー、追加資料の依頼来ちゃったよ。ごめん、お願いできるかな。困ったら私も手伝うから。

◯追加資料も、やっぱり一番よくわかっているCさんにお願いしたいけど、できそう？

シーン3の補足解説でCさんの立場に立っていたら、このシーン4は簡単にできたかもしれませんね。

「これもよろしく」と丸投げするのではなく、投げるにしてもその前に**共感とねぎらいの気持ちを示すことを忘れない**でください。

部下も仕事だから自分がやるのが当然と思っていますが、そうは思っていても、そこは人間。自分の気持ちを汲んで共感してもらったり、ねぎらいの言葉がひと言あれば、仕事に対するやる気もあなたに対する気持ちも変わってきます。

シーン5　会議中

プロジェクトミーティングを実施しています。メンバーは7名、うちDさんは常にプロジェクトをリードする動きをしてくれ、会議でも議事進行や意見を活発に述べるなどしてくれます。他の6名はDさんについていくような形でプロジェクトは進行しています。

全体的なプロジェクト進行は満足しているのですが、6名の意見をもっと引き出せないものか、正直何を考えているのか把握できていないと感じています。あなたはプロジェクトマネジャーとして、メンバーとどのような関わりや声かけをしますか？

〈ありがちNG例〉

✖Dさんだけじゃなくて、他のみんなももっと意見出してよ。

✖今日は全員に意見を言ってもらうから。

〈一歩近づくヒント〉

■意見はただ「意見を出して」と言って出るものではない。

■がんばっているDさんは賞賛する。

■意見を言いやすい場をつくる。意見を考えやすい情報を付加する。

〈声かけ例〉

◎みんないろいろ考えてくれてありがとう。一番いい形でできるように、もっともっとたくさんの意見を集めたいんだ。

◎Dさんがアイデアを考えるポイントや視点をみんなに共有してくれない？

◎誰かの優れたアイデアで、というよりも、全員の意見のいいところを組み合わせたいよね。

チーム活動においては、主体的に動いてくれるメンバーに、往々にして頼ってしまいがちです。頼ること自体は悪くはありませんが、リーダーとしては、他のメンバーのことも把握することを忘れてはいけません。

また、いつでも全員が活躍できる場をつくっておくことが、信頼されるリーダーの大切な要素です。

休憩中　相手が答えやすい話題を

シーン6　ランチタイム

ランチを食べに行ったら、偶然部下のEさんが先にお店に入っていました。せっかくなので一緒に食べようということになりました。あなたならどんなテーマで会話をしますか？

〈ありがちNG例〉

✕これおいしい（ここから会話を広げるならOK）。

✕最近調子どう？

〈一歩近づくヒント〉

■できれば仕事の話よりもプライベートの話のほうがよい（食べているものから食の好みや好きなお店のこと、趣味や家族のことなど）。

■答えやすい、話しやすい話題を振る。
■まず自分のことを少し話してから、相手に話を振る（しゃべりすぎ注意！）。

〈声かけ例〉

◯うちの長男がサッカーやっててさ、この間試合見に行って……。

◯私最近、この店よく来るんだけど、〇〇さんも？
◎〇〇さんも肉好きなんだね、私も。肉好きなら△△は行ったことある？

NG例にある「最近調子どう？」という声かけ、久しぶりに話す部下や具体的に話すことが思い浮かばないときに、つい使ってしまっていませんか？

もしみなさんがこう声をかけられたらどう思いますか？「どう答えていいのかわからない、答えにくい」と思いませんか？ 何の調子を聞かれているのかわかりませんよね。

雑談では「相手が話しやすい、答えやすい」を意識することがポイントになります。

面談時　話しやすい場づくり

シーン7　先月の成績について話す

先月の営業成績が目標未達だったFさんに、結果の振り返り面談をしています。Fさんは事前に結果を見ていて、うつむき加減に会議室に入ってきて着席しました。

〈ありがちNG例〉

✕早速だけど、Fさん、先月の結果を見てどう?

✕いろいろあるとは思うけど、端的に未達の原因は何だと思う?

〈一歩近づくヒント〉

■いきなり本題に入らない。

■表情や態度など、様子をよく観察する。

〈声かけ例〉

◯Fさん、今日は急ぎの仕事ある？　大丈夫？

◯なんか表情が暗いよ、どうした？　この結果を見てかな？　大丈夫、話聞くよ。

◯久しぶりだね、こうやって時間とって話すの。なかなかゆっくり話せなくてごめんね。

部下にとってうれしくない話をするときの基本は、「話しやすい場づくり」です。立場的に厳しいことを言わなければならないときでも、いきなり口にすると部下は聞く準備ができていないことがあります。

部下が素直に聞こう、言おうと思う場をつくることが、うまく話を進める秘訣です。（復習ページ：第2章）

シーン8　定期1on1面談

3カ月に一度の部下との1on1面談。今日の対象者Gさんはいわゆる「普通の社員」。取り立ててほめることもないし、指摘することもない。Gさんも自分から話すタイプではないし、実はいつも話題に一番困っている。

〈ありがちNG例〉

✕Gさん、何か話したいことある？

✕Gさん、いつもちゃんとやっているから、特に言うことはないんだけど……。

〈一歩近づくヒント〉

■面談時、部下は緊張するもの。なんでも聞くよ、の姿勢を示す。

■面談では、部下に伝える内容は明確に、わかりやすく。

〈声かけ例〉

◯3カ月に一度って、あっという間だねー。今日もよろしくね。

◯今日はどんな話をしようか。私からは○○について、Gさんからはなんだろう？

◯1対1って緊張するよねー、まあ、気楽に話して。

「特に言うことはない」はあなたにはあまり注目していない、と聞こえることがあり、ちゃんとやっているなら、「いつもありがとう」のほうがGさんのモチベーションが上がります。

「何か話したいことがある?」という聞き方は、本人が「小さなこと、たいしたことないこと」と思っていると言えなくなってしまいます。 実はそういう小さな心配が重大なことにつながっている場合もあるため、「ちょっとしたことでも、気になっていることはない?」などと尋ねると話しやすくなります。

オンライン　特定の人が注目されないように

シーン9　課内オンラインミーティングにて

月曜朝定例の課内オンラインミーティングで、開始前に先にログインした人たちでワイワイと話していましたが、よく見るとHさんだけが話さずに、時々「うんうん」とうなずいているだけでした。

その様子が少し気になったあなた、どうしますか?

〈ありがちNG例〉

✕Hさん元気ないみたいだけど、体調悪い？　大丈夫？

✕……（黙っている、静観）。

〈一歩近づくヒント〉

■心配している姿勢を示す。しかし「きっと原因はこれだろう」と限定しないように。

■みんなの注目を浴びないようにさらっと対応する。

〈声かけ例〉

○先にログインした人たちで、待っている間に今の心と身体の状態をひと言ずつ言おうか。週末忙しくて疲れが残っている人も正直に言ってね。

○今のやる気状態、10点満点中何点か、みんなチャットに書いてくれる？

オンラインで注意しなければならないところは、1人に話しかけると全員が注目してしまうこと。かといって個別チャットを送るのは受け取る側からすると、重く感じてしまう点です。

そのため、全員に対して発言を求めたり、チャットに書いてもらう場をつくるのがおすすめです。例のように点数で書いてもらうと、「6点って書いているけれど、マイナス4点はどういう理由から？」「マイナス4点の状況を教えて」と、その後のヒアリングもしやすくなります。

また、「元気がない＝体調が悪い」わけではありません。ピンポイントで聞くと、外れた場合にうやむやになったり、会話が進まなくなるため、「どうかした？」というようにざっくりとした聞き方のほうが答えやすい場合もあります。

また**「大丈夫？」は状況を確認する際には使わないほうがいい言葉**です。「大丈夫？」と言われると、人は大丈夫でなくてもつい「大丈夫です」と言ってしまうものです。

そうなってしまうと「本当は心配事がある」「仕事が立て込んでいてプレッシャーを感じている」という場合でも、本音の部分を引き出すチャンスを失ってしまうのです。

いかがでしたか？　NG例をつい口にしていませんでしたか？

NG例が頭に思い浮かんだ方は、ぜひ前の章をもう一度読み返してください。NGがなぜダメなのかがわかれば、「一歩近づく声かけ」ができるようになるのも間近です。

あとがき

部下が話してくれない、近づきにくい、と嘆くのはもうやめよう

「隣に座っているのによく知らない……」
「同じ課なのにあまりしゃべったことがない……」
「うちの課に新人が配属されたけれど、世代ギャップを感じて話せない……」

こんな思いにとらわれたことってありませんか。

このように、「物理的には近くても、心理的に遠い」状態の組織がいつの間にか増えてしまったような気がしてならない……と思うのは私だけでしょうか。

COVID‐19を機にテレワークが進み、「物理的にも遠く」なってしまった組織も少なくありません。今研修に伺う企業で「この問題を感じていない企業はない」と言ってもいいほどです。

本書の話を題材に、企業研修をした際、このようなご質問を受けました。

「最近の若手は、あまり話したがらないし、たまの飲み会に誘っても断られるから、最近は誘わないようになりました。これは、近寄ってほしくないからだと思っていましたが、違うのでしょうか」

私の「距離を近づける」という話が腑に落ちない、余計に悩んでしまったという様子でした。

「話したがらない」から「なるべく必要なこと以外は話さない」。

「断られる」から「誘わない」「職場の飲み会は嫌いな人」。

この一歩引かれたから、こちらも一歩引くという対応で、お互いの距離がどんどん離れていってしまう――もう、この状況をつくるのはやめにしませんか。

ちなみに、その質問者に私は次のように答えました。

あなたは、その若手社員の方について、何をどれだけ知っていますか?

その方は、あなたの考えや個人的なことも含めて、どれだけ知っていますか?

人は興味を持った人とは話したい、聞きたいと思うし、自分に関心を示してくれた人には興味を持ちます。

自分の居場所があると思える場には、喜んで参加すると思いますよ。

こうした人間の心理は、今も昔も変わっていないと思います。知らないことや自分に関心を持ってくれない人に対して関心が持てないのは当然のことです。

まだ多様性や個という言葉がなかった、同調の時代には、半強制的にさまざまな上司の姿に接する機会がありました。

仕事中に長々と持論を聞かされたり、お酒の席で意気揚々と武勇伝を話していたかと思えば、急に仕事の愚痴を吐露している姿に遭遇したり……。そのような上司の姿を見て、困ったときもあったかもしれませんが、部下は親近感を覚えたり、意外な一面を見たりしながら、上司を「人」として理解していくことができました。

では、今はそれができないのでしょうか。いいえ、そんなことはありません。できます。仕事の合間に、ご自身について伝える、お互いを知るための会話をする……ただそれだけです。業務中もやることがびっしり、終業後も子育てやプライベートで忙しいみなさんですから、以前はまとめて情報提供していたことを、日常の業務の中で小出しにしていく、それだけのことです。

本書でお伝えしたことをぜひ小出しで実践してみてください。

ANA時代の最後のグループで持っていた13名のメンバーは、本当に素晴らしいチームワークを築いてくれました。

私にとっては「部下」、メンバー間も年次が1〜2年ずつ違う先輩後輩の関係でしたが、フライトをするときには、お互いに「メンバー」「仲間」という意識が強く、先輩に余計な気を遣うということは「ない」グループでした。

フライト中、「津田さん、これ○番のお客様にお願いします」と後輩からバンバン指示が飛んでくることも普通。でも、それがお客様に最高のサービスをするという目標達成のために最善の方法だと、私も後輩も理解できていたからの行動でした。

私がこのグループでリーダーとして行ったことはたったの2つ。
■ 一人ひとりと対話して相手の考えや想いを理解すること。
■ リーダーとして、どういうグループをつくりたいか、どういうフライトをつくりたいかを日々伝えること。

もちろん日々関係性を深めるよう「快適距離感メソッド」を使ったことが、これらの対話を成功させたのは言うまでもありません。

そして、リーダーが自分の話をじっくり聞いてくれた、相談にのってくれた、という経験は、下へ下へと伝染します。部下は言われなくても自分の後輩に同じように接するようになり、グループ内の対話や相談がどんどん増えていきました。それが、グループ全体で理解し合う輪をつくる原動力となったのです。

管理職・リーダーのみなさん、リーダーは大変だよ、とまだ思っていますか？

グループ運営に関して、リーダーのやることは多くないのです。

この2つの行動で、承認と目標を与えられた部下は、自発的に行動するようになるのは、私が保証します。

まずは、明日の朝の行動から、一歩ずつ近づいていきましょう。

最後に本書の執筆を強くすすめてくださったＮａｓｕｎｏデザインワークス代表の那須野雄一郎さん、並びに出版プロデューサーの倉林秀光さん、笑顔人生へのナビゲーターあさのぶ。さん、私をいつも支えてくださっているすべての方に心より感謝申し上げます。

津田典子（つだのりこ）

人材育成コンサルタント、元ANA客室乗務員インストラクター
東京都生まれ、成蹊大学文学部英米文学科卒業後、ANAに客室乗務員として入社、チーフパーサー、ファーストクラス乗務員として国際線・国内線乗務に携わる。入社6年目に同期500名の中で最速で教育訓練部インストラクター（教官）に任命され、400名の新人CAの育成と5000人の社員教育を行う。その他に新人教育のインストラクターチームのリーダー、B777導入全社プロジェクト参画、客室乗務員教育訓練ツール開発など、さまざまなチーム活動を経験、成果を上げる。

ブランクののち、社員20名の採用コンサルティング会社に入社。しかし、そこで目にしたのは、指示を出す人と受ける人がただ存在している「黙って業務をこなす人の集まり」。その姿に驚嘆し、「これでは成果も生産性もやる気も上がらない」とひそかに改革を決意し、パートから正社員に転換。メンバーの意識改革と業務改善、生産性向上に取り組み、Oneチームとしての組織をつくることに成功。さらにナンバー2、3を育て権限移譲、組織安定をはかる。

2018年に講師、キャリアコンサルタントとして独立、Fine HR創業。チームビルディング、組織内コミュニケーション、接客コミュニケーションの専門家として、企業研修や講演を中心に活動。

また、若手支援にも力を入れ、和光大学非常勤講師、日本大学等の就職支援に従事、学生のお尻を叩く熱血指導から、学生がつけたあだ名は「女松岡修造」。

現在は企業研修や商工会議所等での講演に年間80〜100回登壇し、全国で活躍中。

最強のチームリーダーがやっている
部下との距離のとり方
2023年10月12日　初版発行

著　者　津田典子
発行者　太田　宏
発行所　フォレスト出版株式会社
〒162-0824
東京都新宿区揚場町2-18白宝ビル7F
電　話　03-5229-5750（営業）
　　　　03-5229-5757（編集）
URL　http://www.forestpub.co.jp

印刷・製本　中央精版印刷株式会社

ISBN978-4-86680-250-3　Printed in Japan

最強のチームリーダーがやっている

部下との距離のとり方

購入者限定

コミュニケーションに困ったときのヒントに！

毎日使える！
部下との距離を縮めるフレーズ50

PDF

を無料プレゼント

出勤時、日常業務、会議中、ランチタイム、
オンラインコミュニケーション、終業時……
さまざまな場面で効果的に使える
リーダーのフレーズを50例まとめました。
ぜひ、日々のビジネスにご活用ください。

無料プレゼントを入手するにはこちらへアクセスしてください。

https://frstp.jp/buka

＊無料プレゼントのご提供は予告なく終了となる場合がございます。
＊無料プレゼントはWEB上で公開するものであり、CDやDVDをお送りするものではありません。
上記、あらかじめご了承ください。